GERHARD WEHR

JUDENTUM

W0063894

GERHARD
WEHR

JUDENTUM

DIEDERICHS KOMPAKT

Die Deutsche Bibliothek – CIP-Einheitsaufnahme
Wehr, Gerhard:
Judentum / Gerhard Wehr. - Kreuzlingen ; München :
Hugendubel, 2001
(Diederichs kompakt)
ISBN 3-7205-2266-0

© Heinrich Hugendubel Verlag, Kreuzlingen /
München 2001
Alle Rechte vorbehalten

Umschlaggestaltung: Zembsch' Werkstatt, München
Textredaktion: Alexandra-Henri Grünert, München
Produktion: Maximiliane Seidl
Satz: EDV-Fotosatz Huber / Verlagsservice
G. Pfeifer, Germering
Druck und Bindung: Huber, Dießen
Printed in Germany

ISBN 3-7205-2266-0

INHALT

EINFÜHRUNG

Wer sich eine Vorstellung von den Verbreitungsgebieten der Weltreligionen bilden will, der kann sich vorweg durch einen Blick auf eine spezielle Weltkarte der Religionen informieren. Das ist – je nach der kartographischen Gestaltung – am ehesten für jene Religionen bzw. Konfessionen möglich, die Hunderte von Millionen Mitglieder zählen und daher auch regional übersichtlich darstellbar sind. Abgesehen etwa von den östlichen Religionen (z. B. Hinduismus, Buddhismus, Taoismus) gilt dies am ehesten für den Islam und das Christentum mit ihren jeweiligen konfessionellen Gliederungen. Große Teile Europas und Amerikas lassen sich demzufolge als »christlich«, ferner zusammenhängende Partien des Vorderen Orients, Afrikas und Südostasiens als »muslimisch« ausweisen. Es versteht sich, dass die vor allem in der westlichen Welt eingetretene Säkularisierung hierbei außer Betracht bleiben muss.

Was nun die jüdische Religion, den Glauben Israels, betrifft, so liegen hier besondere Verhältnisse vor. Zum einen handelt es sich bei einer Weltbevölkerung von mehr als 6 Milliarden Erdbewohnern um eine überaus geringe Quantität; – etwa 15 Millionen Menschen sind im Jahr 2000 dem Judentum zuzurechnen. Aber nur ein Bruchteil derer, die sich als Juden bekennen, leben im Staate Israel. Allein in den USA und in den russischen Republiken gibt es ungefähr doppelt so viele statistisch erfasste Juden. In Europa und in den übrigen Ländern der Erde kann man ebenso von einigen Millionen ausgehen. Es handelt sich also um eine im Zahlenvergleich verschwindend gering erscheinende Anzahl von Menschen, die dem Judentum bzw. der jüdischen Religion zuzurechnen sind; ganz zu schweigen von jeweils noch zu unterscheidenden Gruppierungen und Strömungen hinsichtlich Theologie und religiöser Praxis, wenn man ultraorthodoxe, konservative, liberale oder reformatorische Juden bei einem kartographischen Darstellungsversuch berücksichtigen wollte.

Aus all dem darf aber nicht der Schluß gezogen werden, dass die geschichtliche Bedeutung des Judentums hieraus abgelesen werden könne. Das ist bei weitem nicht so. Denn Christentum und Islam, die insgesamt mehr als 2 Milliarden Anhänger zählen, gelten zusammen mit den Juden als religiöse Abkömmlinge Abrahams. Mit anderen Worten: Das Judentum verkörpert nicht die Religion eines Landes oder einer klar begrenzten Region, sondern die eines Volkes. Dass das »Land Israel« (»Erez Jisrael«) und Jerusalem (»Zion«) als die Gottesstadt für jeden gläubigen Juden dennoch von einzigartiger Bedeutung sind, tut dieser Tatsache keinen Abbruch. Die bereits gegen Ende des 19. Jahrhunderts entstandene zionistische Bewegung Theodor Herzls (1860–1904) mit ihren verschiedenen Fraktionen suchte durch politische Aktivitäten wie durch kulturelle Aufbauarbeit dem jüdischen Glauben in Palästina Ausdruck zu verleihen. Der Höhepunkt war die Gründung des Staates Israel im Jahre 1947. Und dieses Israel ist bekanntlich nicht etwa die Erfüllung messianischer Erwartungen in einem theokratisch geführten Rabbinerstaat, sondern eine Demokratie modernen Zuschnitts, in dem auch christliche, muslimische und andere religiöse Minderheiten nebeneinander leben.

Hierzu Martin Buber, der sich gelegentlich dieses Themas auf den berühmten Prager Rabbiner Löw ben Bezalel, den »hohen Rabbi Löw« (ca. 1525–1606), berief:

»Jedes Volk hat der Weltordnung nach einen Bund mit seinem Land. So hat auch das Volk Israel einen Bund mit dem Land Israel. Dies aber ist ein Bund von besonderer Art, denn es ist der Bund zweier ›heiliger‹ Wesenheiten, das heißt: zweier, von denen jede in einem besonderen und unmittelbaren Verhältnis zu Gott, eben in einem Bund mit Gott steht. Dadurch aber verwandelt sich alles: Israels Schicksal tritt aus der hellen Ordnung der Schöpfung in das Geheimnis der Offenbarung – Wolkendunkel und zuckende Blitze. Der furchtbare und gnädige Gott schlägt, um zu heilen, brennt, um zu läutern, – und stört die Ordnung der Welt nicht, in die er so eingreift.«[1]

Wofür der Terminus »Judentum« steht, das hat – aus philosophischer Betrachtung – Emmanuel Lévinas (1906–1995) in der »Encyclopaedia Universalis« wie folgt zusammengefasst:

»Das Wort ›Judentum/Judaismus‹ enthält in unserer Zeit sehr verschiedene Vorstellungen. Es bezeichnet vor allem eine Religion: ein System von Glaubensinhalten, von Riten und moralischen Vorschriften, die sich auf die Bibel, den Talmud, die rabbinische Literatur stützen, und ist oft verbunden mit der Mystik oder der Theosophie der Kabbala. Die Hauptformen dieser Religion haben sich seit fast 2000 Jahren nicht verändert und zeugen von einem Geist, der sich gänzlich seiner selbst bewußt ist, der sich in einer religiösen und moralischen Literatur spiegelt und der zugleich weiterer Fortsetzungen fähig ist ... Fossil gewordene Zivilisation, die sich selber überlebt – oder Ferment einer besseren Welt? Mysterium Israel! Jenes Problem spiegelt eine historische Gegenwärtigkeit, die einzigartig ist. In der Tat, als Quelle der großen monotheistischen Religionen, denen die moderne Welt ebenso viel wie dem antiken Rom oder Griechenland verdankt, gehört das Judentum zur lebendigen Aktualität ...

Der Versuch der Wiedererweckung eines Staates in Palästina und der Wiederentdeckung einstiger schöpferischer Eingebungen mit universeller Bedeutung läßt sich außerhalb der Bibel nicht verstehen.«[2]

Was die Christenheit das Alte Testament nennt und was den größten Teil der Bibel ausmacht, das stellt in der Tat das wichtigste spirituelle Erbe dar, das jüdischen Ursprungs ist. Zugleich ist es eine bedeutsame Hinterlassenschaft, die über das Judentum hinausweisend der Menschheit anvertraut ist. Jesus (Jehoschua) und die christliche Urgemeinde waren Juden bzw. zum Judentum konvertierte Hellenisten (Proselyten), in der Luther-Bibel »Judengenossen« genannt. Und auch für den gläubigen Moslem sind Moses und Jesus hoch angesehene Propheten. Freilich erst Mohammed schließt ihrer Überzeugung nach die Gottesoffenbarung ab. Er ist der letzte bevollmächtigte Offenbarungsträger, der erste Empfänger des »Heiligen Buches«, des Koran.

Von daher ergibt sich insbesondere für die Ausgestaltung der christlichen Kirche während zweier Jahrtausende ein nicht zu unterschätzender Anteil an jüdischem Traditionsgut. Daran ist auch dann festzuhalten, wenn man die Partizipation der aus dem Judentum hervorgegangenen Christenheit an griechischem Denken und römischem Rechtsbewusstsein ebenso berücksichtigt wie den gleichzeitig grassierenden Antijudaismus bzw. Antisemitismus in der Kirche. Gesondert wäre zu betrachten, dass es im Judentum selbst Prozesse der Integration wie die eines orthodoxen Desintegrationswillens gegeben hat. Mit Blick auf die reich entfaltete nachbiblische Mystik (Kabbala) nannte es Gershom Scholem einmal »das Ringen zwischen dem biblischen Gott und dem Gott Plotins in der alten Kabbala«.[3]

So gewagt es ist, in dem hier vorgegebenen engen Rahmen ein Bild des Judentums als einer religiösen

Wirklichkeit zu geben, so unerlässlich ist es, aus der Fülle des allgemeinen historischen wie des religionsgeschichtlichen Materials zumindest eine Auswahl an theologischen Grundbegriffen zu treffen. Dazu gehören Begriffe wie *Gott* samt des im Bewusstseinswandel sich verändernden Gottesbildes, die Vorstellung von der *Schöpfung* von Mensch und Welt, die *Offenbarung* als die Wahrnehmung des Hervortretens und Wortwirkens Gottes und nicht zuletzt die *Tradition* als eine an die einst ergangene Offenbarung anschließende Überlieferung, die sich heute in der Mal um Mal zu vollziehenden religiösen Praxis und alltäglichen Ethik, in Fest und Feier manifestiert. Als eine »Religion des Buches« kommt dem geschriebenen Wort der Offenbarung samt ihrer Auslegung oder der mündlichen Offenbarung und Aktualisierung eine zentrale Bedeutung zu.

1. DOKUMENTE DER GLAUBENSERFAHRUNG

So gering an Mitgliederzahlen die Juden sind, was die literarischen Dokumente ihres Glaubens, der Frömmigkeit und der theologischen Reflexion anlangt, so kann ihr qualitativer wie quantitativer Reichtum kaum hoch genug eingeschätzt werden. Da handelt es sich einerseits um die verbrieften Grundlagen der jüdischen Religion, die sie mit der Christenheit in Gestalt des Alten Testaments gemeinsam haben. Für den frommen Juden ist dies »Die Schrift« schlechthin.

Wie ersichtlich, ist die Bezeichnung »Altes Testament«, die sich aus der christlichen Überlieferung ergibt, als eine Art Vorspann des in griechischer Sprache abgefassten Neuen Testaments zu betrachten. Darin wird als »Erfüllung« angesehen, was im Alten Testament als Vorbereitung, als Prophetie und »Verheißung« erscheint. Für das Judentum ist diese Einschätzung freilich ohne Belang, weil es für sein heiliges Buch keine von außen kommende Deutung nötig hat. Für Israel ist diese Schriftensammlung ein Buch des Bundes zwischen Gott und seinem Volk (von hebräisch »berith«, Bund; griechisch »diatheke«, lateinisch »testamentum«).

Nun hat dieses Schriftwerk im Laufe seiner langen und umstrittenen Geschichte viele, recht unterschiedliche Bewertungen erhalten. Für die Christenheit ist von Bedeutung, dass das Alte Testament die Bibel Jesu gewesen ist. Aus ihr hat er in der Synagoge vorgelesen (Luk. 4, 16 ff.). Biblische Psalmen hat er gebetet (z. B. den Psalm 22). Erinnert sei ferner an die erstaunlich positive Einschätzung des alten Bibelbuches, die Friedrich Nietzsche getroffen hat:

»Im jüdischen Alten Testament, dem Buche von der göttlichen Gerechtigkeit, gibt es Menschen, Dinge und Reden in einem so großen Stile, daß das griechische und indische Schrifttum ihm nichts zur Seite zu stellen hat. Man steht mit Schrecken und Ehrfurcht vor diesen ungeheuren Überbleibseln dessen, was der Mensch einstmals war, und wird dabei über das alte Asien und sein vorgeschobenes Halbinselchen Europa, das durchaus gegen Asien den ›Fortschritt des Menschen‹ bedeuten möchte, seine traurigen Gedanken haben ... Der Geschmack am Alten Testament ist ein Prüfstein auf ›groß‹ und ›klein‹ ...«[4]

DIE SCHRIFT

Anders als die Christenheit ordnet Israel seine biblischen Bücher. Auch die Zählung differiert, weil die hebräische Bibel einige Schriften unter einem gemeinsamen Titel zusammenfasst, was einer Verringerung der Gesamtzahl entspricht. Während die christliche Kirche 39 alttestamentliche Bücher nennt, zählt die jüdische Gemeinde nur 24, und zwar grundsätzlich bei gleichem Textumfang. Im Vordergrund steht als Basis und Grundbestand heiliger Schrift die Thora, im Allgemeinen als die »Fünf Bücher Mosis« (griech. Pentateuch) bekannt. Da in der Thora der Bund Gottes mit seinem Volk, die Gesetzgebung in Gestalt der Zehn Gebote und Mose als der maßgebliche Religionsstifter geschildert werden, kommt ihr vor allen anderen Texten richtungweisende Bedeutung zu. Es folgen dann die Bücher der Propheten und der Schriften (Nebiim we-Kethubim).

Die unterschiedlichen Bezeichnungen lassen sich von den differierenden Betrachtungsweisen ableiten. Die Christenheit spricht von den Fünf Büchern Mosis, um zu unterstreichen, welche wichtige Rolle darin Mose spielt. Die Verfasserfrage, die zwar einst Philo und Josephus mit Blick auf Mose erwogen haben, ist dadurch jedoch nicht berührt. Aussagekräftiger sind die vor allem in theologischem Zusammenhang verwendeten lateinischen Bezeichnungen, weil sie auf die Inhalte dieser fünf Bücher hinweisen. So beschäftigt sich

1. das Buch Genesis (Schöpfung) zumindest in den ersten 11 Kapiteln mit der Schöpfungsgeschichte samt den daran anschließenden mythischen Erzählungen einschließlich Sintflut und Turmbau zu Babel. Im Mittelpunkt der nachfolgenden Kapitel stehen die Patriarchen oder Erzväter Abraham, Isaak und Jakob.
2. Exodus (Auszug) stellt den Auszug der Kinder Israels aus der ägyptischen Knechtschaft samt der Sinai-Offenbarung (Ex. 20) ins Zentrum der Schilderungen.
3. Leviticus, das auf den Tempeldienst der Priester und Leviten bezogene Buch, setzt die bereits in Exodus behandelten Fragen der Ausgestaltung des Gottesdienstes, insbesondere der verschiedenen Opferhandlungen fort und vertieft sie.
4. Numeri (Zählung) stellt eine Art Bilanz dar. Gezählt werden die Mitglieder der einzelnen Stämme Israels. Das Buch enthält aber auch weitere Anweisungen für Priesterschaft und Kultus. Es schildert den Fortgang der Geschichte des Volkes.
5. Deuteronomium (zweites Gesetz) meint nicht etwa eine Veränderung, sondern eine Wiederholung und Erläuterung des Sinai-Bundes (Dtn. 5) einschließlich den daraus sich ergebenden Verpflichtungen für Israel in seiner Gesamtheit. Das Buch schließt mit Mosis Segnung der zwölf Stämme und mit seinem Tod.

Für den jüdischen Gebrauch der Thora erübrigen sich die genannten Bezeichnungen der fünf Bücher der göttlichen Weisung, weil man sie der Tradition folgend mit den jeweils ersten Worten des hebräischen Urtextes zitiert, nämlich gemäß der Verdeutschung durch Martin Buber:

1. Bereschit – Im Anfang
2. Schemot – Er rief
3. Wajikra – Namen
4. Bemidbar – In der Wüste
5. Debarim – Reden

Den zweiten Teil bilden die prophetischen Bücher (Nebiim). Nach den vorwiegend erzählenden Büchern (Josua, Richter, Samuel, Könige), die als »frühere Propheten« gelten, folgen die »späteren Propheten«, die auch in der christlichen Bibel als solche bezeichnet sind: Jesaja, Jeremia, Hesekiel (Ezechiel) sowie das Buch der »kleinen Propheten«. Dabei handelt es sich um zwölf Schriften.

Der dritte Teil ist den »Schriftwerken« (Ketubim) vorbehalten, wie Martin Buber diese Bücher in der gemeinsam mit Franz Rosenzweig verdeutschten Bibel nennt. Zu ihnen gehören u. a. die 150 Psalmen (»Buch der Preisungen«), das Buch Hiob, das Fünf-Rollen-Buch mit dem Hohelied (Salomonis), dem Buch Ruth und weiteren Texten.

Literargeschichtlich stellt das Alte Testament eine Büchersammlung dar, deren Einzelteile anfänglich in mündlicher Form weitergegeben worden sind, während ihre heute vorliegende textliche Gestalt in einem Zeitraum von mehr als einem Jahrtausend entstanden ist. Eine große Anzahl von literarischen Gattungen und Formen begegnen dem Leser. Sie reichen von Offenbarungstexten, Gebeten, gesetzlichen Bestimmungen und historischen bzw. als historische Schilderung geformten Texten bis hin zu Gedichten, Hymnen, Liedern, Spruchweisheiten und novellistischen Erzählungen. Die alttestamentlichen Psalmen gehören zu den umfangreichsten Gebets- und Liedsammlungen, die in den vorderorientalischen Religionen zusammengestellt worden sind.

Die Sprache des Mythos kommt vornehmlich in der Thora zur Geltung, wenn dort von der Schöpfung der Welt, des Menschen sowie vom Umgang zwischen Gott und Mensch berichtet wird, ferner von der Beziehung zwischen dem Herrn (Adonai) als Lenker der Geschichte und seinem aus der Welt der Völker erwählten Volk Israel. Ausdruck der Erwählung ist die Führung des »wandernden Gottesvolkes« aus der Knechtschaft Ägyptens, Gesetzgebung und Bundesschluss am Sinai-Gebirge durch die Vermittlung ihres berufenen Führers Mose, sodann die bereits erwähnte Landnahme Palästinas samt dem spannungsvollen Leben mit den bisherigen Bewohnern des Landes zwischen dem Jordan und dem Mittelmeer, Kanaan genannt. Dass die aus zwölf Stämmen oder Familienclans bestehenden »Kinder Israels« ursprünglich nicht aus dieser Region stammen, sondern aus dem Osten eingewandert sind, deutet u. a. eine Stelle aus dem Buche Josua (Kap. 24,2) an:

> »So spricht der Herr, der Gott Israels: Eure Väter, Tharah, Abrahams und Nahors Vater, wohnten vor Zeiten jenseits des (Euphrat-)Stromes und dienten anderen Göttern.«

Das ist nicht der einzige Hinweis darauf, dass am Anfang der Religion Israels nicht der Eingottglaube (Monotheismus) stand, sondern die Verehrung von einer Mehrzahl übergeordneter Mächte, Kräfte und Wesenheiten, die auf das Schicksal der Menschen in den mannigfachen Wechselfällen des individuell-familiären wie des kollektiven Lebens Einfluss nahmen. Dies entspricht Gottesvorstellungen, wie sie im Allgemeinen bei nicht sesshaften Völkern anzutreffen sind. Dabei kann offen bleiben, ob es sich bei den »Kindern Abrahams« bzw. Israels um Gruppierungen handelt, die als nomadisierende Stämme anzusehen sind oder um ein gleicherweise wanderndes Hirtenvolk, das aus der Gegend um das nördliche Euphratgebiet durch Syrien nach Kanaan gelangte. Das Motiv des Unterwegsseins und des Geführtwerdens durch den Herrn der Geschichte stellt ein bestimmendes Moment hebräischer Frömmigkeit dar.

DIE THORA

Wenn darauf hingewiesen wurde, dass die biblische Überlieferung sich über einen mehrere Jahrhunderte umspannenden Zeitraum erstreckt, dann wird dies bereits am »Fünf-Rollen-Werk« des Pentateuch sichtbar.

Die historisch-kritische Bibelforschung hat gezeigt, dass die in heutiger Gestalt als »Fünf Bücher Mosis« vorliegende und geschlossen erscheinende Bibel sich aus verschiedenen »Quellenschriften« zusammensetzt, mit bedingt durch besondere Entstehungszeit und -ort, jeweils unterschieden durch Sprachgestalt und Stil, insbesondere durch den unterschiedlichen Gebrauch des Gottesnamens. Die Aussprache dieses Namens unterliegt einem strengen Tabu. Mit ihm korrespondiert das strikte Verbot, von Gott ein Bildnis zu machen, um der Verwechslung von Wesen und Abbild nicht anheim zu fallen. In manchen jüdischen Texten ist nicht einmal das Wort »Gott« niedergeschrieben, sondern durch Punkte ersetzt.

Beim Bibeltext handelt es sich im Sinne der Bibelforschung um Strukturen unterschiedlichen Alters, auf die man bereits im 18. Jahrhundert aufmerksam wurde. Die Quellentheorie als solche wurde im Laufe der Zeit präzisiert und differenziert.

Eine der auf diese Weise erschlossenen Quellen ist die des »Jahvisten« (abgekürzt: J), in der »Jahve« als Gottesname verwendet wird. Das »jahvistische Geschichtswerk« wird im Zeitraum zwischen 950 und 850 v. Chr. entstanden sein und stellt damit die älteste »Vorlage« dieser Art dar. In der biblischen Schöpfungsgeschichte liegen die Dinge beispielsweise so, dass dieser älteste der beiden Schöpfungsberichte nicht etwa mit den ersten Sätzen von Genesis 1, sondern erst mit Kapitel 2, 4 b beginnt. Die Abschnitte beginnend mit 1,1 ff. gehen vielmehr auf eine viel jüngere literarische Schicht zurück, der so genannten »Priesterschrift«.

Elohist (E) wird die Quelle genannt, in der der eine Mehrzahl andeutende Gottesname »Elohim« gebraucht wird. Seine Erzählung setzt mit der Berufung Abrahams (Gen 15) ein. Das »elohistische« Geschichtswerk wird etwa auf das 8. Jahrhundert v. Chr. datiert.

Das fünfte Buch Mosis oder Deuteronomium geht auf eine eigengeprägte Quelle (D) zurück, wobei das Mittelstück hiervon die Rede des Mose an sein Volk bildet (Dtn. 12–26). Ein Vergleich mit älteren vorderasiatischen Traditionen zeigt, dass D in Aufbau und Durchführung jenen Darstellungen ähnelt, wie sie aus altorientalischen und hethitischen Texten bekannt ist. Gott Jahve, der sich an sein Volk wendet, erinnert an die Weise, mit der ein Großkönig als unumschränkter Gebieter zu seinen Untertanen spricht.

Als »Priesterschrift« (P) bezeichnet man Schilderungen, in denen das Interesse des oder der Autoren an priesterlichem Tun und kultischen Verrichtungen hervorsticht. Dazu gehören Fragen der Heiligung, der Herstellung oder Bewahrung kultischer Reinheit und dergleichen. Als Entstehungszeit von P gilt das 6. vorchristliche Jahrhundert. Das entspricht der Zeit des Exils von Juda in Babylon. Es kann in diesem Zusammenhang nicht verwundern, dass die ebenfalls in der Priesterschrift enthaltene biblische Flutsage an das wesentlich früher abgefasste Gilgamesch-Epos erinnert.

Generell ist ferner davon auszugehen, dass sich von Generation zu Generation textliche Veränderungen ergeben haben, ehe es zur endgültigen Fassung gekommen ist. Hierfür ist die Arbeit eines oder mehrerer Redaktoren (R) anzunehmen. Entsprechendes gilt für die übrigen biblischen Bücher, die ihre je eigene Prägung und Entstehungsgeschichte haben. Schließlich ist die Frage zu klären, wann die in sich abgeschlossenen Bücher in einem Kanon (griech. Richtschnur), d. h. in der für die Synagogengemeinde verbindlichen Sammlung angeordnet und zum Bibelganzen vereinigt worden sind. So gibt es fürs Alte wie fürs Neue Testament einen eigenen, jeweils über mehrere Generationen sich erstreckenden Prozess der Kanonbildung. Die Forschung spricht von verschiedenen Stadien oder Fixpunkten beim Werdeprozess der hebräischen Bibel. Naturgemäß liegen diese Punkte wesentlich später als der Abschluss einer einzelnen Schrift. Doch nimmt man an, dass der Pentateuch (die Thora) schon im 4. vorchristlichen Jahrhundert eine offizielle Anerkennung erlangt hat. Um 130 v. Chr. kennt man in Ägypten die dreigegliederte Bibel, bestehend aus Thora, prophetischen Büchern und den übrigen Schriften. Doch zur endgültigen Kanonisierung kam es erst in nachchristlicher Zeit (um 100). Die Initiative dafür ging offenbar nicht von einer bestimmten religiösen Autorität aus, die einen entsprechenden Auftrag erteilt hätte. Beeinflussend wirkten sich vielmehr die jeweiligen Zeitumstände aus, das Bedrohtsein Israels, nicht zuletzt die Notwendigkeit einer Abgrenzung gegen das anwachsende Christentum. Wichtig wurde für den Kanon der hebräischen Bibel die so genannte »Synode von Jamnia/Jabne«, deren Lehrhaus noch zur Zeit der Zerstörung des Jerusalemer Tempels (70 n. Chr.) mit Erlaubnis der Römer eingerichtet worden war.

Die in der althebräischen Sprache abgefasste jüdische Bibel – auch »Tenach« genannt nach den Hauptbestandteilen: Thora, Propheten und Schriften – wurde schon frühzeitig übersetzt, insbesondere weil der Urtext von großen Teilen des Volkes nicht mehr verstanden wurde. Neben die schon in vorchristlicher Zeit ins Griechische übertragene »Septuaginta« und die durch den Kirchenvater Hieronymus besorgte lateinische Vulgata trat die syrische »Peschitta« und die aramäische Bibel, die so genannte »Targumi«.

Ein Kapitel für sich ist der nicht zuletzt für die Bibelforschung bedeutsame Handschriftenfund von Qumran am Toten Meer. Er geht auf eine 1947 durch Beduinen gemachte Entdeckung einer bis dahin verborgenen, in Tonkrügen verwahrten Bibliothek zurück. Abgesehen davon, dass es sich um Dokumente handelt, die in die Zeit zwischen dem Alten und dem Neuen Testament gehören, sind die Qumran-Texte sowohl für das Judentum wie für das Christentum von großer Wichtigkeit[5]. Auffällig ist das nahezu vollständige Vorhandensein aller hebräischen Schriften, ausgenommen das Buch Esther. Aufsehen erregte die Tatsache, dass es sich um die bei weitem ältesten Handschriften und Fragmente handelt, die vom Alten Testament erhalten geblieben sind.

> »Diese Bibel-Handschriften bezeugen die hervorragende handschriftliche Überlieferung des Bibeltextes über die Jahrhunderte hinweg. Zugleich weisen sie den Weg zu einer neuen Beurteilung der Textabweichungen in der griechischen Bibelübersetzung (Septuaginta) sowie im samaritanischen Pentateuch, die nun vielfach durch Lesarten aus Qumran gedeckt sind. Ebenso werfen die Funde von neuem die Frage des biblischen Kanons auf, der in der Gemeinde vom Toten Meer umfangreicher gewesen zu sein scheint, als dies in der masoretischen[6] Bibel der Fall ist.«[7]

Auch für die zeitgeschichtliche Forschung im Umkreis der palästinischen Urchristenheit sind der Fund samt den daran sich anschließenden Ausgrabungen von Bedeutung. Denn, obwohl Einschätzung und Zuordnung der Qumran-Gemeinde immer noch stark differieren, bekam man erstmals wichtige Einblicke in Leben und Lehre der Zeitgenossen Jesu, der gesetzestreuen Essener bzw. Essäer. Von ihrer Existenz wusste man zwar aus einigen antiken Quellen, z. B. aus den Schriften des Flavius Josephus, doch im Neuen Testament bleiben sie merkwürdigerweise ungenannt, während die Pharisäer und Sadduzäer als Gegenspieler des Nazareners im Mittelpunkt der Auseinandersetzungen stehen. Dabei handelte es sich sowohl um religiöse Strömungen als auch um festgefügte Organisationen, die das geistliche Leben ihrer Mitglieder genauestens ordneten. Bei dieser Ordnung spielte die hebräische Schrift die entscheidende Rolle, nämlich als »Wort Gottes« und als die unverrückbare Grundlage jüdischer Existenz. Von einer Dogmenbildung im christlichen Sinn kann hingegen im Judentum nicht gesprochen werden, wohl aber von einer Unterscheidung der schriftlich niedergelegten Lehre und der mündlichen Offenbarung. Zusammenfassend charakterisiert Johann Maier den Tatbestand, indem er auch Gesichtspunkte der Bibelauslegung (Hermeneutik) einbezieht:

> »Ausschlaggebend für das Judentum wurde die pharisäisch-rabbinische Richtung mit ihrer Behauptung, daß es neben der ›schriftlichen Lehre‹ auch eine ›mündliche‹ gibt, und mit ihrer Opposition zum priesterlichen Monopol der Schriftauslegung. Gelehrsamkeit, nicht Abstammung, bestimmte die Autorität der Schriftauslegung. Die Rabbinen entwickelten eine eigene Hermeneutik, die teils logisch war, teils auf Tradition beruht. Da es sich im Judentum nicht nur um eine Glaubensgemeinschaft, sondern oft auch um eine Volksgemeinschaft mit weitgehender Zivilgesetzbarkeit handelte, hat man immer soweit wie möglich versucht, eine Uniformität der Praxis zu erlangen – wobei eine eigenartige Dialektik im Spiele war. Einerseits betrachtete man die

älteren Autoritäten, weil zeitlich der ursprünglichen Offenbarung näher stehend, als zuverlässiger; andererseits galt der Spruch, daß die Entscheidung sich immer nach den jüngsten Autoritäten zu richten habe. Entscheidungen wurden teilweise durch Abstimmung gefällt, teilweise von allgemein anerkannten Autoritäten erlassen. In beiden Fällen galt die schriftliche und die mündliche Offenbarung Gottes als Grundlage.«[8]

Darüber hinaus ist daran zu erinnern, dass der jüdische Glaube neben der ihm zugewandten Sinai-Offenbarung auch so etwas wie eine Uroffenbarung anerkennt, die »die Söhne Noahs«, also die Völker der Welt erreicht hat. Damit sind allgemeine moralische Grundsätze gemeint, die dem Wesen des Menschlichen entsprechen.

EINHEITSFUNKTION DER BIBEL

Außer Frage steht zwar die Berechtigung wie die Notwendigkeit einer literarhistorischen Bibelforschung, auf deren Wegen man analysierend zu hypothetischen Quellenschriften und deren redaktioneller »Bearbeitung« zurückgeht. Abgesehen von einer solchen Betrachtungsweise ist es aber nicht weniger bedeutsam, die Bibel als eine Ganzheit zu begreifen, die aus kleinen und kleinsten miteinander verwobenen Bestandteilen zusammengefügt ist. Diese Notwendigkeit hat insbesondere Martin Buber betont und in seinen Bibelstudien zur Geltung gebracht. In seinen noch während der Zeit des Dritten Reiches angestellten Überlegungen für die Abhaltung von Bibelkursen hat er diesem Bedürfnis Ausdruck gegeben. Für das in seiner Existenz bedrohte deutschsprachige Judentum ging es ihm darum, in die Bibel hinein- und nicht über den Bibelwortlaut hinwegzuführen. Sinngehalt und Zusammenhang waren gerade in einer Zeit sicherzustellen, in der durch die völkische NS-Ideologie eine Auflösung der biblischen Überlieferung drohte. Die Schrift in ihrer Gesamtheit sollte und soll für die jeweils aktuelle Situation erschlossen werden. Deshalb seine Erinnerung:

> »Biblische Texte sind als Texte der Bibel zu behandeln, das heißt: einer Einheit, die, wenn auch geworden, aus vielen und vielfältigen, ganzen und fragmentarischen Elementen zusammengewachsen, doch eine echte organische Einheit und nur als solche wahrhaft zu begreifen ist. Das *bibelstiftende Bewußtsein* [Hervorhebung G.W.], das aus der Fülle eines vermutlich weit größeren Schrifttums das aufnahm, was sich in die Einheit fügte, und in den Fassungen, die dieser Genüge taten, ist nicht erst mit der eigentlichen Zusammenstellung des Kanons, sondern schon lange vorher, in allmählichem Zusammenschluß des Zusammengehörigen, wirksam gewesen.«[9]

SYNAGOGALER GEBRAUCH

Eine Zusammenstellung bibelkundlicher Tatbestände allein reicht eben noch nicht aus, um an das Wesen einer heiligen Schrift heranzuführen. Jeder Text jener Art, so auch die Thora, verlangt eine ihm angemessene Weise des Zugangs. Zwar ist die hebräische Bibel wie jedes andere Buch heute auf dem Buchhandelsweg erhältlich, im hebräischen Urtext ebenso wie in einer Reihe von Übersetzungen. Dennoch hat sie ihren eigentlichen Platz in der Synagoge (griech. »Versammlung«; hebr. *beth ha-knesset*, »Haus des Volkes«), dem Haus des Gebetes und der religiösen Unterweisung (Beth ha-midrasch). Seit mehr als zwei Jahrtausenden verwendet man Buchrollen. Die für den synagogalen Gebrauch bestimmten Bibeln dieser Art müssen – in der Regel auf Pergament – von Hand geschrieben sein.

Daraus wird, abgesehen von dem hierdurch bedingten materiellen Wert, insbesondere für den heutigen Menschen zum Ausdruck gebracht, dass das, was in dem Geschriebenen enthalten ist, weder eine beliebig reproduzierbare »Drucksache« ist, noch in den Bereich der »leichtgesagten Worte« (Ina Seidel) gehört. Das ist letztlich auch der Grund, weshalb auf irgendeine Weise unbrauchbar gewordene Thorarollen nicht etwa wie Altpapier beiseite geschafft und »entsorgt« werden dürfen. Vielmehr erfahren sie auch weiterhin eine spezielle Sorge. Man »beerdigt« bzw. man bewahrt sie gesondert auf, in einer Geniza, dem Aufbewahrungsort von Dingen, die aus dem gottesdienstlichen Gebrauch genommen werden mussten.[10] Auf diese Weise ist sichergestellt, dass beispielsweise unlesbar gewordene oder missdeutbare Textstellen nicht länger zu Gehör gebracht werden, wodurch die Leser und Hörer irritiert werden könnten.

Entsprechend ehrfurchtsvoll begegnet die zum Gottesdienst versammelte Gemeinde ihrer Thora-Rolle. Diese verkörpert etwas Wesenhaftes. Darauf deutet schon die Einkleidung des Buches hin, denn um die Rolle ist ein sorgfältig gestalteter Thoramantel gelegt. Sie ist ferner mit einem wertvollen Thoraschild versehen und mit einer Thorakrone bekrönt. Damit man bei der gottesdienstlichen Lesung nicht mit dem bloßen Finger über das Pergament fährt, benützt man seit einigen Jahrhunderten einen eigens hierfür bestimmten, mit einer kleinen Hand samt Zeigefinger gestalteten Stab. Ihrer zentralen Bedeutung wegen erfolgt die Aufbewahrung der Buchrolle in einer heiligen Lade (Aron ha-kodesch), die an der Ostwand, also etwa analog dem Altarraum christlicher Kirchen, ihren Platz hat. Ein wertvoller Vorhang verhüllt die Türe dieser Lade. Die Thorarolle tragen dafür berufene Männer in umarmender Gebärde zum Lesepult durch die versammelte Gemeinde, damit sie von den Anwesenden ehrfurchtsvoll berührt, ja geküsst werden kann, wie man etwa in den orthodoxen Kirchen des Ostens einer Ikone oder dem Evangelienbuch seine Reverenz zu erweisen pflegt. Dieser Umgang drückt den wesenhaften Charakter aus, den die Schrift für den einzelnen Frommen wie für die Gemeindeversammlung hat. In seiner anschaulichen Schilderung der jüdischen Glaubenswelt kommt Leo Hirsch darauf zu sprechen, indem er das aktuelle gottesdienstliche Geschehen mit der Heilsgeschichte Israels verbindet:

> »Eine Braut kann nicht prächtiger und zärtlicher behandelt und geachtet werden als die Thorarolle. Bevor und während man sie ›aushebt‹, nämlich den Vorhang aufzieht, die Tür öffnet, die besonders an Festtagen geschmückte Thora heraushebt, betet und singt die Gemeinde. Wenn der Vorbeter dann sie übernimmt und feierlich in seine Arme hebt, so singt er: ›Huldigt Gott mit mir, laßt uns zusammen seinen Namen preisen!‹ – Der Vorgang hat seine besondere Weihe durch die Erinnerungen, die er weckt, nämlich an die Wanderung unserer Ahnen durch die Wüste und an die Bundeslade, die ihnen voranzog, und an die Zeit und den Ort, da Gott uns die Thora, unsere Lehre, unser Gesetz, gab.«[11]

So stellt das Buch der Bücher nicht etwa nur eine Textsammlung dar, auf die sich die theologische Reflexion konzentriert. Vielmehr gehört die Thora auf eine anrührende, die Synagogengemeinde erhebende Weise in die Mitte des religiösen Lebens der Judenheit überhaupt wie in den religiösen Vollzug eines jeden Einzelnen. Von ihm, dem der göttlichen Weisung getreuen Mann, sagt der erste Psalm: »Er hat Lust an SEINER [Gottes] Weisung, über seiner Weisung murmelt [er] tages und nachts.«[12] Damit ist zum Ausdruck gebracht, dass bibelkundliches oder theologisch-historisches Wissen allein bei weitem nicht ausreicht, um die Gesetzestreue zu begründen. Zum unverzichtbaren Sachwissen muss die von dem ganzen Menschen ausgehende, auch emotional erfüllte Hingabe an Gott hinzukommen: Denn »die Freude am Herrn ist eure Stärke« (Neh. 8,10).

Besondere Strenge in der Beachtung und Erfüllung der Thora ließen die Pharisäer (»die Abgesonderten«) walten. Während diese durch Frömmigkeit im Leben und Tun ausgezeichneten Juden in den Evangelien des Neuen Testaments vielfach von ihrer negativen Seite her gezeichnet sind (»Wehe euch, ihr Schriftgelehrten und Pharisäer!«), galten sie ursprünglich als Beispiele glaubwürdiger – nicht scheinheiliger! – Gesetzeserfüllung.

TALMUD UND MISCHNA

In Anlehnung an das Wort aus Psalm 1, wonach ein rechter Israelit bei Tag und bei Nacht mit Herz und Mund an der göttlichen Weisung lebendigen Anteil nimmt, könnte man sagen: Im Talmud (hebr. »Lehre«, von hebr. *lamad*, »lernen«, »lehren«) setzt sich dieses Erwägen und Reden der Rabbinen, d. h. der hebräischen Meister des Schriftstudiums, fort. In Frage und Antwort, in aktualisierender Lehre und erläuternder Unterweisung ist in einem Zeitraum von ungefähr sieben Jahrhunderten teils in vor-, teils in der nachchristlichen Zeit ein vielstimmiges Wechselgespräch der Schriftgelehrten in Gang gekommen. Zur geschriebenen Lehre (Thora) ist die mündliche Lehre (Talmud) hinzugetreten. Dieses zum Lernen anregende Lehren hat kein anderes Ziel als den an der Gottesoffenbarung orientierten Menschen immer tiefer in die Schrift hineinzuführen und vielfältige Aspekte dessen, was im Gotteswort enthalten ist, der Alltagspraxis zugänglich zu machen. Als ethisches Leitwort gilt im Übrigen: »Was dir selbst unangenehm ist, das tue keinem anderen«. Daraus ergibt sich das Gebot der Nächstenliebe, die die Christenheit aus dem Judentum übernommen hat.

Und auch diese anfangs mündliche Überlieferung hat wiederum in einem gewaltigen Schriftwerk seinen literarischen Niederschlag gefunden. Schon die im Grunde nur von wenigen Talmud-Gelehrten überschaubaren, in einem schwierigen Aramäisch abgefassten Stoffmengen haben dazu beigetragen, das umfängliche Opus mit einem Schleier des Geheimnisses zu umgeben. Es ist hinreichend bekannt, wie insbesondere die Antisemiten mehrerer Jahrhunderte ihre Vorurteile und ihre meist auf Unkenntnis der Quellen beruhenden Verdächtigungen auf den Talmud projiziert haben.

> »Denn es sind im Talmud die Diskussionen der rabbinischen Gelehrtenakademien zwischen 200 vor und 500 nach Christus niedergelegt worden. Sein Inhalt ist so bunt und so vielseitig wie das Leben selbst; es gibt nichts zwischen Himmel und Erde aus dem Gesichtskreis oder Erfahrungsbereich der damaligen Menschen, was nicht darin berührt worden wäre. In den 12 dicken Folianten des Talmuds werden nicht abstrakte Auseinandersetzungen vorgeführt: die Menschen selbst treten auf und verfechten leidenschaftlich ihre Ansicht ... Nicht zusammenhängende Reden liegen im Talmud vor, sondern scharf zugespitzte Bemerkungen, die mit wenigen Andeutungen kurz hingeworfen sind, so daß neben den sprachlichen und sachlichen Schwierigkeiten auch der Stil des Talmuds das Verständnis sehr erschwert.«[13]

Stets muss bedacht werden, dass das Unternehmen des Talmuds darauf gerichtet ist, das in der Thora niedergelegte Glaubens- und Rechtsgut mehrere Jahrhunderte nach Abfassung der biblischen Texte unter weitgehend veränderten gesellschaftlichen Verhältnissen anwendbar zu machen. Das gilt zunächst für den ersten Teil, die sogenannte Mischna (von hebr. *schana*, »wiederholen«; daher auch Zweitschrift genannt), in der es darum geht, durch wiederholtes Vorsagen mündlich Überliefertes zu lernen oder zu lehren und dem Gedächtnis einzuprägen.[14] »Gewöhnlich betrachtet man die Mischna als einen Gesetzescodex, in dem die anonym gebotenen Entscheidungen jeweils das geltende Recht darstellen«. Unwidersprochen ist diese Begriffsbestimmung freilich nicht, wenngleich der Rechtscharakter der Ausführungen nicht geleugnet werden kann. Doch wird der Eindruck erweckt, dass man einem lebendigen, noch im Fluss befindlichen Meinungsbildungs- und Deutungsprozess beiwohnt.

Protokolle der Mischna-Erörterungen sind in einem zweiten Teil des Talmuds, in der später redigierten Gemara aufgezeichnet. Die umfangreiche Stoffsammlung, in der Mischna und Gemara zum Talmud vereinigt sind, wurde bis zum Jahr 500 abgeschlossen. Alle diese Gesichtspunkte weisen darauf hin, in welch hohem Maße das Judentum als eine »Buchreligion« anzusehen ist, die – ausgehend vom Thora-Studium – letztlich daraufhin ausgerichtet ist, Gott im Sinne des israelischen Bekenntnisses als den »Einen« so intensiv wie nur möglich im Bewusstsein eines jeden Gläubigen zu verankern und daraus die ethischen Folgerungen im Alltag zu ziehen.

Schließlich ist darauf hinzuweisen, dass der Talmud in zweifacher Weise überliefert ist, zum einen in der kürzeren Fassung des palästinischen oder Jerusalemer Talmuds aus dem 5. nachchristlichen Jahrhundert, zum anderen in dem in vielem abweichenden und ausführlicheren Babylonischen Talmud. Dieser ist als der Talmud schlechthin anzusehen und verweist auf die Tatsache, dass ein großer Teil der Judenheit und ihrer Rabbinen in nachchristlicher Zeit in Babylonien lebte. Hinsichtlich der literarischen Gattungen, denen man in diesem Werk begegnet, unterscheidet man solche Textbestände, in denen gesetzliche Bestimmungen diskutiert bzw. gedeutet werden: Dies ist die Halacha (*halach*, »gehen«). Gemeint ist die Art und Weise, wie der Weg im Gehorsam gegen Gott gegangen werden soll, während die Haggada (*lehaggid*, »erzählen«, »vortragen«) sich auf alles bezieht, was nicht gesetzlicher Natur ist. Dazu gehören Erzählungen aus der Überlieferung und weisheitsvolle Sprüche.

> »Die talmudischen Geschichten bezeugen und atmen eine Lebensnähe, die das theologische Moment, das scheinbar in ihnen vorherrscht, unausgesprochen als sekundär erweist. Alle Charakterzüge treten hier, ebenso unabsichtlich wie die Lebensäußerungen als solche, unverhüllt zutage, und in dieser Hinsicht sind die handelnden Rabbinen ... jeweils Träger der verschiedenen menschlichen Eigenschaften, die wir als solche nur zu erkennen vermögen, wenn sie lebendige Gestalt angenommen haben.«[15]

Ein Traktat der Mischna stellen die »Sprüche der Väter« dar. Sie basieren naturgemäß auf dem Gotteswort der durch Mose empfangenen Sinai-Offenbarung, andererseits bergen sie das Weisheitsgut späterer Gesetzeslehrer, eben der »Väter«. Auf diese Weise übergibt eine Vätergeneration der anderen die selbst errungenen Erfahrungen und Einsichten in Spruchworten der Weisheit. Das 1. Kapitel dieser »Sprüche der Väter«[16] beginnt:

Moses empfing die Lehre vom Sinai
und überlieferte sie Josua
und Josua den Ältesten und diese den Propheten
und diese den Männern der großen Versammlung.
Diese sprachen drei Dinge aus:
Seid vorsichtig im Urteil!
Nehmt viele Schüler an!
Macht einen Zaun um die Lehre!

Simon, der Gerechte,
war einer der letzten Männer der großen Versammlung.
Er sprach:
Auf drei Dingen beruht die Welt:
auf der Lehre,
auf dem Gottesdienst
und auf den Liebeserweisungen.

[...]

Hillel[17] sagte:
Sei von den Schülern Aarons!
Liebe den Frieden!
Strebe dem Frieden nach!
Liebe die Geschöpfe!
Bringe sie der Lehre nahe!

Derselbe pflegte zu sagen:
Wer den Ruhm vergrößern will, verliert ihn.
Wer nicht zufügt, der nimmt ab.
Wer nicht lernt, ist des Todes schuldig.
Wer die Krone ausnützt, geht zugrunde.

Schammai pflegte zu sagen:
Gib deinem Studium einen festen Rahmen!
Sprich wenig!
Tu viel!
Empfange alle Menschen freundlich!

Ein für das alltägliche Jude-Sein wichtiges, auf den biblischen wie talmudischen Texten gegründetes Werk und für alle Lebensfragen maßgebliches Buch stellt der »Schulchan aruch« (»Gedeckter Tisch«) aus dem 16. Jahrhundert dar.

Es geht auf den Rabbi Josef Karo (1488–1575) zurück. Infolge der hohen religiösen wie moralischen Autorität ihres Verfassers wurde der Schulchan aruch zum allgemeinen Gesetzbuch jüdischen Lebens erhoben. Nach den Sephardim, d. h. im Mittelmeerraum ansässigen Judengemeinden, schlossen sich auch askenasische Gemeinden Mittel- und Osteuropas an. Spätere Generationen sorgten für die Herstellung von Volksausgaben. Daher kam das Werk in hohen Auflagen unter die Menschen.

In dieser Zeit von Reformation und Gegenreformation, in der die erste Fassung des Schulchan aruch niedergeschrieben wurde, entstanden auch Schriften, die sich kritisch mit dem Christentum auseinander setzten. Auf diese Weise begegneten jüdische Autoren der um Judenmission bemühten kirchlichen Theologie. Es ging um nichts Geringeres als um die Bewahrung hebräisch-jüdischer Identität in einer meist feindlich eingestellten Umwelt. An der Abfassung von antijüdischen Schmähschriften beteiligte sich selbst Martin Luther (1483–1546) gegen Ende seines Lebens. Damit entsprach er zwar der allgemeinen Fehleinschätzung des Judentums, doch infolge der hohen Autorität, die der Reformator erlangte, wirkten sich seine Schmähreden auf Jahrhunderte speziell im Protestantismus verhängnisvoll aus.

DIE KABBALA

Jede Religion stellt sich in einer doppelten Weise dar: Es gibt den Bereich des Sakralen und den des Profanen, also den Bezirk dessen, der sich »vor« dem Heiligtum erstreckt. Nach außen tritt Religion in bestimmten Formen der Lehre und des Kultus in Erscheinung. Man kann Mitglied werden, die Glaubens- und Lehrinhalte übernehmen, diese kritisch reflektieren; man kann das religiöse Brauchtum vollziehen, weil man es »so gewohnt« ist und weil dies der allgemeinen »Jüdischheit« entspricht. Solange man sich so verhält, bewegt man sich mit der Mehrzahl der »Mitglieder« aber noch an der Außenseite religiöser Wirklichkeit, selbst wenn es von den praktizierenden Frommen nicht so empfunden wird. Denn Religiosität, die mehr ist als die bloße Zugehörigkeit zu einer Religionsgemeinschaft, ist ohne ein unmittelbares Innewerden und ohne die Gemeinschaft mit Gott gar nicht denkbar.

Und doch: Steht dieser (als relativ zu betrachtenden) Außenseite eine esoterische, d. h. eine innere Seite gegenüber. Sie erstreckt sich im Bereich der religiösen Erfahrung, des emotionalen Ergriffenseins und eines darauf gestützten tieferen Erkennens. Diese esoterische Dimension wird gemeinhin als Mystik bezeichnet. Darunter ist eine Wendung nach innen zu verstehen, wobei zur traditionellen Mystik spirituelle Gipfelerlebnisse (peak experiences) gehören können, etwa das Erspüren der Gottesgegenwart (hebr. *Schechina*), das geistliche Erhobenwerden, letztlich – vor allem im nicht jüdischen Bereich – das Einswerden mit der Gottheit (lat. *unio mystica*). Auf einem solchen Innenweg werden die äußeren Formen der traditionellen Religiosität von den Mystikern jedoch nicht etwa gering geachtet, aber man nähert sich ihrer spirituellen Mitte. Man wird ihrer Tiefe gewahr, dem verborgenen spirituellen Gehalt des Gotteswortes und seiner Weisheitsfülle. Es leuchtet einem ein, was den Menschen unbedingt angeht. Von daher ergibt sich des Weiteren die Möglichkeit, das unmittelbar Erfahrene als eine spezielle »Gottesweisheit« (Theosophie) spekulativ auszugestalten, sodass Beschreibungen von den »oberen Welten« entstehen. Hierzu bemerkt Gershom Scholem:

> »Die ältesten jüdischen Mystiker, die in der talmudischen Zeit und später eine organisierte Gruppe bildeten, beschrieben ihre Erfahrung in Bildern, die ihrem Anschauungskreis gemäß waren. Sie sehen in ihr einen Aufstieg der Seele bis vor Gottes Thron, wo ihr eine ekstatische Anschauung der Majestät Gottes und der Geheimnisse des himmlischen Thrones vermittelt wird. Ein weiter Weg führt von diesen alten jüdischen Gnostikern zu den chassidi-

> schen Mystikern, von denen einer sagen konnte: ›Mancher dient Gott mit seinem menschlichen Intellekt, mancher aber schaut auf das Nichts ... Wer aber dieser Erfahrung gewürdigt wird, dessen menschlicher Intellekt verliert die Realität; wenn er aber dann aus solcher Schau ins substantielle Sein des Intellekts zurückkehrt, ist er voll von göttlichem Glanz und Influxus.‹ Und dennoch ist es letzten Endes dieselbe Erfahrung, die beide in so verschiedener Weise auszudrücken suchen.«[18]

So verfügt auch das Judentum über eine reich ausgebildete Mystik, die Kabbala (Überlieferung). Wenngleich die hebräische Bibel für Israel andere Weisen der Gottesbegegnung kennt, nämlich die Erwählung als das Herausgerufenwerden aus der Völkerwelt (Gen. 12), das *personale* Angesprochenwerden durch Jahve, die Begegnung mit und das Geführtwerden durch Gott, der vom Menschen für sein Tun und Leben rückhaltlose Rechenschaft fordert, indem er schließlich am Tag Jahves über Mensch und Welt Gericht hält. Darüber ist nicht zu vergessen, daß auch im Alten Testament eindrückliche Innenerlebnisse bezeugt sind. Die großen Offenbarungsvisionen, wie sie von der Gottesbegegnung des Moses auf dem heiligen Berg, von Jesaja oder von Hesekiel (Ezechiel) bezeugt sind, gehören hierher. Ohne Einschränkung, ja ohne Widerspruch aus den eigenen Reihen und von prominenter Stelle geäußert, ist jüdische Mystik freilich nicht geblieben. Manch einer hat, etwa wie Martin Buber, die Kehre vollzogen und das mystische Berauschtsein in seiner Anfangszeit gegen das dialogische Gegenübersein eingetauscht und in allem irdischen Du einen »Durchblick zum ewigen Du« Gottes erlebt.[19]

Nicht selten stößt die Mystik wie die theosophische Spekulation auf Ablehnung, weil die Thora bereits all das enthalte, was Gott seinem Volk mitzuteilen hatte. Die Mystik wird insbesondere dann als ein Fremdkörper im jüdischen Glaubensleben empfunden, wo sie einem oberflächlichen modischen Trend folgt. Denn weder um eine egoistische Befriedigung religiöser Gefühle noch um eine asketische Abkehr von der Welt und von allem Irdischen geht es in der Mystik, die diese Bezeichnung verdient. Jedenfalls duldet der jüdische Glaube – und nicht nur er! – keine Mystik, die man ohne Tun und ohne Verantwortlichkeit betreiben möchte.[20] Und eine mystische Vereinigung *(unio mystica)* mit dem Einen, dem allein Heiligen, dem Ewigen ist dem jüdischen Frommen fern und fremd. Ja, er muss bei jedem Versuch, in den Geheimnisbereich Gottes eindringen zu wollen, eine Blasphemie und eine Verletzung des Allerheiligsten befürchten.

Andererseits: Eine Arkandisziplin, d. h. eine besondere Achtung des vor einer Profanierung zu Schützenden, kennt auch das Judentum, denn bezüglich der Mystik der rabbinischen Zeit lautet ein Gebot der Verschwiegenheit: »Man legt Inzestgesetze nicht vor dreien aus, (die Mystik) des Schöpfungswerks nicht vor zweien und (die Mystik) des Thronwagenwerks (Hes. 1) nicht einmal vor einem einzigen, es sei denn, dieser ist schon Gelehrter, der aus eigener Einsicht versteht.« Gemeint ist nicht allein eine theologische oder religionsgesetzliche Gelehrsamkeit, sondern theosophische Einsicht und spirituelle Erfahrung, die einen Menschen erfüllt und in der Tiefe seines Wesens verändert. Damit ist auf die esoterische Tradition verwiesen, wie sie – abgesehen von anderen Religionen – so auch im Judentum und Christentum besteht.[21]

Entfaltet hat sich die jüdische Mystik in einer Folge von historischen Epochen mit einer ebenfalls umfänglichen Literatur. An ihrer Spitze steht das Buch »Sohar« (Sefer ha-Sohar, Buch des Glanzes), das vor 1300 in Spanien entstanden war. Die Tradition führt das umfangreiche Werk zwar auf den berühmten

Rabbi Simon ben Jochai (2. Jahrhundert) zurück, doch in historischer Betrachtung wird die Autorschaft für einen Großteil des Sohar dem spanischen, vor allem in Guadalajara und Avila lebenden Kabbalisten Mose Ben Schem-Tow de León (†1305) zugesprochen.

Zeitlich früher sind zahlreiche mystische Schriften aufgezeichnet worden, z. B. Sefer Jezira und das Buch Bahir. Gershom Scholem (1897–1982), der verdiente deutsch-israelische Kabbala-Forscher, kennzeichnet die geschichtliche Stellung des Sohar mit den Worten: »Keines der großen Literaturprodukte unseres mittelalterlichen Schrifttums, so viel heller und wohnlicher es in manchen darunter aussehen mag, hat eine auch nur annähernd gleiche Wirkung, einen ähnlichen Erfolg gehabt.«[22] Dabei ist zu bedenken, dass die Entwicklung der theosophischen bzw. mystischen Lehren bisweilen eng mit dem meist gefahrvollen Schicksal des Judentums verquickt ist, beispielsweise mit der Vertreibung aus Spanien im Jahre 1492.

Die Kabbala tritt als eine Weise der Deutung des göttlichen Wortes neben diejenige der Talmudisten, deren Textnähe größer zu sein scheint. Während aber die rabbinische Schriftgelehrsamkeit an den Großteil der jüdischen Gemeinde gerichtet ist, um alle Zweige des Lebens religiös zu ordnen, konzentrierten sich die kabbalistisch Strebenden auf die verborgenen Mysterien der Thora und der Gottheit. So ist davon auszugehen, dass die frühe, in Südfrankreich auftretende Kabbala, die über Italien auch nach Deutschland gelangt ist, in verhältnismäßig kleinen, auch räumlich begrenzten Esoterikerzirkeln aufkeimte. In einem Milieu, in dem die katholische Kirche im 13. Jahrhundert die häretische Katharerbewegung des Languedoc bzw. der Provence bekämpfte, bezeichnet durch die Orte Marseille, Arles, Montpellier, Bézier, Narbonne, Carcassone und Toulouse, gelangte das Studium der Thora und des Talmud zur Blüte, ebenso die Mystik. Christen und Juden wetteiferten geradezu in ihrer Gottsuche: »So dürfen wir denn sagen: nicht in einem stagnierenden oder in der jüdischen Entwicklung zurückgebliebenen Milieu ist die Kabbala aufgetreten, sondern in einer kampf- und spannungsreichen Umgebung, die ein reiches Traditionsgut, das ihr auf offene oder vielleicht auf unsichtbare Weise zugekommen ist, in sich aufgenommen hat.«[23]

Die Mystiker der Provence geben zu bedenken:

> »Wenn [der Fromme] an das denkt, was oben ist, soll er seinem Denken keine Grenze setzen, sondern so [soll er Gott denken]: hoch und hoch bis ins Grenzenlose; unten tief, wer kann ihn finden; und so oben in den Weiten aller Himmel ... und außerhalb der Himmel bis ins Unendliche [le'en-Sof] ... In den Thron der Herrlichkeit sind heilige Namen eingegraben, die keinem Sterblichen überliefert worden sind, die Hymnen bis ins Unendliche singen.«[24]

Doch Gott verharrt nicht in seiner Unzugänglichkeit. Er teilt sich mit, wenngleich sich diese Mitteilung zunächst hinter der Geheimniswand seines Seins ereignet. Was sich in Gott und aus Gott heraus manifestiert, das sind jene zehn »Abglänze« (Sefirot) oder »Gewänder der Gottheit«, angefangen bei einer oberen Dreiheit: Kether Eljon oder höchste Krone der Gottheit; Chochma oder Weisheit, sodann Bina, Intelligenz. In der grafischen Darstellung des Sefirot-Baums sind sieben weitere zugeordnet: Chessed-Liebe bzw. Gnade Gottes, Gebura oder Din, die (strafende) Macht Gottes; Rachamim, Barmherzigkeit bzw. Tifereth, Glanz oder Pracht Gottes; Nezach, beständige Dauer; Hod, Majestät Gottes; Jesod, der Grund aller wirkenden und zeugenden Kräfte Gottes; schließlich Malchuth, das Reich Gottes, im Sohar auch Kenesseth Jisjael, das mystische Urbild der Gemeinde bzw. Schechina als Inbegriff der Gottesgegenwart.[25]

Was entstanden ist, das ist für den Sohar »im Geheimnis« entstanden. Es ist jenes Mysterium gemeint, von dem jedes Wort der Schrift kündet, etwa in den ersten Silben der Thora »Im Anfang« *(Be-reschit)*, die der Mystiker als einen innergöttlichen Prozess und als ein außerordentliches Ereignis schildert:

> »*Am Anfang* – als der Wille des Königs zu wirken begann, grub er Zeichen in die himmlische Aura [die ihn umstrahlte]. Eine dunkle Flamme entsprang im allerverborgensten Bereich aus dem Geheimnis des ›Un-grundes‹-En Sof, wie ein Nebel, der sich im Gestaltlosen bildet, eingelassen in den Ring [jener Aura], nicht weiß und nicht schwarz, nicht rot und nicht grün und von keinerlei Farbe überhaupt. Erst als jene Flamme Maß und Ausdehnung annahm, brachte sie leuchtende Farben hervor. Ganz im Innersten der Flamme nämlich entsprang ein Quell, aus dem Farben auf alles Untere sich ergossen, verborgen in den geheimnisvollen Verborgenheiten des En Sof. Der Quell durchbrach und durchbrach doch nicht den ihn umgebenden Äther [der Aura] und war ganz unerkennbar, bis infolge der Wucht seines Durchbruchs ein verborgener höchster Punkt aufleuchtete. Über diesen Punkt hinaus ist nichts erkennbar, und darum heißt er ›Reschit‹-Anfang, das erste Schöpfungswort [von jenen zehn, durch die] das All [geschaffen ist].«[26]

Von den älteren kabbalistischen Entwürfen der Provence und Spaniens bis zu späteren Spekulationen lassen sich manche Tendenzen der Wandlung beobachten, auch solche der Amalgamierung beispielsweise in der Verbindung der Kabbala mit alchemistischen Vorstellungen im ausgehenden Mittelalter. Darunter ist natürlich nicht die vulgäre »Goldmacherei« der Sudelköche zu verstehen. »Praktische Alchymie« war in der Regel nicht die Sache der Mystiker, wenngleich es Ausnahmen gegeben haben mag. Wohl aber bedienten sie sich der Symbolik und der Terminologie, die mit der Veredelung der Metalle zu tun hatte. Einige Anregungen dafür tauchen bereits im Alten Testament auf, wo (z. B. Jesaja 1, 25 oder Hiob 22, 24 f) von der Läuterung Israels gesprochen wird, das wie ein unedles Metall im Feuer geläutert und »transmutiert« werden solle. Es ist also der Mensch, dessen »alchymistische« Veredlung als ein mehrstufiger Prozess bis hin zur Goldwerdung in Gang kommen soll. Dieser Wandlungs- und Reifevorgang entspricht der Bereitung des Steins der Weisen *(Lapis philosophorum)*. Und Jakob Böhme (1575–1624), der einerseits von kabbalistischem Gedankengut Kenntnis hatte, andererseits alchemistische Entsprechungen in seinen mystisch-theosophischen Traktaten benutzte, drückt das einmal so aus:

> »Lasset euch das, ihr Sucher der metallischen Tinktur, offenbar sein: Wollt ihr den Lapidem philosophorum [Stein der Weisen] finden, so schicket euch zur neuen Wiedergeburt mit Christo.«[27]

Wie sich Kabbalisten bisweilen über ihr Verhältnis zur Alchemie Gedanken machten und Vergleiche anstellten, geht aus einem Text hervor, den Gershom Scholem[28] mitteilt:

> »Der ganz auf Gott vertraut, ähnelt in Hinsicht auf den Seelenfrieden, auf den Mangel an Unruhe über die Dinge des täglichen Lebens, dem Alchemisten, der durch seine Wissenschaft und seine Kunst fähig ist, Silber in Gold, Kupfer und Blei in Silber zu verwandeln. Aber der ganz auf Gott vertraut, ist dem Alchemisten gegenüber in großem Vorteil. Der Alchemist bedarf, um sein Werk zustande zu bringen, andauernd besonderer unentbehrlicher Substanzen, die er weder überall noch immer vorfindet. Der Gottvertrauende ist dagegen immer si-

> cher, seinen Unterhalt zu finden, denn er lebt nicht vom Brot allein ... Der Alchemist hat Angst um sein Leben; er vertraut sein Geheimnis niemandem an. Der andere aber fürchtet in seinem Gottvertrauen keinen Menschen, wie schon der Psalmist (Psalm 56, 12) singt.«

Zu den Tendenzen der Wandlung und der thematischen Neuakzentuierung gehört ein zunehmendes Interesse der Kabbalisten an der Frage nach Herkunft und Wesen des Bösen. Das ist umso verständlicher, wenn man bedenkt, wie der Druck der Kirche von Generation zu Generation immer stärker wurde. Parallel dazu erfolgte im 13. Jahrhundert in Südfrankreich die Vernichtung der Katharer. Im 15. Jahrhundert kam es mit dem Zurückdrängen des Islams auf der iberischen Halbinsel zur Vertreibung der Juden aus Spanien. Dabei ging es nicht allein darum, die Frage nach den Schicksalen des alten Gottesvolkes kabbalistisch zu beantworten. Vielmehr versuchten die Kabbalisten in die Gründe und Ungründe der vorgeschöpflichen Welt spekulativ einzudringen und dort das Wesen des Bösen auszumachen. Zu beleuchten war ferner das Problem, das auf der einen Seite die Gottesverheißungen und andererseits die unglücklichen Geschichtsverläufe in ein spannungsreiches Gegenüber treten ließ. Auf diese Weise nahm die kabbalistische Mystik an Bedeutung immer mehr zu. Als Wissende, die nach ihrer Überzeugung besonderen Einblick in die Geheimniszusammenhänge von Gott und Welt erhalten hatten, beanspruchten die Kabbalisten religiöse Autorität und damit auch Einfluss auf die Judenheit als solche. Das war naturgemäß mit innerjüdischen Auseinandersetzungen verbunden. Das geschah unter anderem von Palästina aus, wo sich nach jahrhundertelangem Exil wieder einzelne Gruppen niedergelassen hatten. Hier, in der obergaliläischen Ortschaft Safed konstellierte sich wenige Jahrzehnte nach der Vertreibung aus Spanien ein Zentrum kabbalistischer Forschung und Publikation. Berühmtheit erlangten Moses ben Jakob Cordovero (1522–1570) und Isaak Luria (1534–1572). Unter den Theoretikern der jüdischen Mystik gilt Cordovero als der tiefsinnigste:

> »Er hat als erster versucht, den dialektischen Prozeß klarzumachen, den die Sefiroth in ihrer Entwicklung durchlaufen und der sich vor allem in jeder einzelnen abspielt ... Der innere Konflikt zwischen theistischen und pantheistischen Tendenzen in der mystischen Theologie der Kabbala ist bei ihm besonders deutlich geworden.«[29]

> Als zentrale Figur der neueren Kabbala und als ein »vollkommener Gerechter« wird der schon in jungen Jahren verstorbene Luria angesehen, denn »in Lurias Persönlichkeit steckte darüber hinaus noch etwas Schöpferisches, eine religiöse Substanz, die ihn für das Bewusstsein aller Späteren in das Zentrum der Bewegung von Safed stellt«[30].

Nun handelt es sich bei der Kabbala nicht nur um die theosophische Ergründung der oberen Welten und um die Enthüllung verborgener Geheimnisse. Dem frommen Mystiker geht es vor allem um eine nach innen gerichtete religiöse Praxis. In ihrem Zentrum steht das Gebet. Wohl kann man da nach dem *Was* des Gebetes, also nach dem theologischen Inhalt fragen. Man kann sein Augenmerk auf die einzelnen Worte und deren sprachliche Struktur richten. Dabei ist zu bedenken, dass im Hebräischen jeder Buchstabe auch einen bestimmten Zahlenwert hat. Die Summe, die die Buchstaben eines Wortes darstellen, lässt sich mit anderen Wortfolgen vergleichen, die auf den ersten Blick scheinbar nichts miteinander zu tun haben. Und doch werden durch die in den Worten enthaltenen Zahlenwerte Verhältnisse ausgedrückt, die sinnerhellend wirken können.

Diese auf die Kabbala zurückgehende Methode hat der aus Galizien stammende Jude Friedrich Weinreb (1910–1988) in zahlreichen Kursen und Büchern entfaltet, um so »Die Symbolik der Bibelsprache« und den »Göttlichen Bauplan der Welt« einsichtig zu machen.[32]

So erstaunlich, wenn nicht fragwürdig die Ergebnisse einer derartigen Unternehmung sein mögen, in die »Innenwelt des Wortes« zu gelangen – für den Frommen ist das mystische Gebet noch viel wichtiger, nämlich wenn man der Frage nachgeht, *wie* gebetet werden soll, damit sich die Geheimnisgründe der göttlichen Welt auftun und das dabei Begegnende lebendige Erfahrung wird. Dieses Wie des Betens bestimmt die Einstellung der »Kawwana«. Das ist die Intention, mit der man »bei der Sache«, genauer: der Gottesgegenwart bewusst ist. Es ist das gesammelte, achtsame Beten, das eben nicht viel Worte macht, auch nicht über die sprachliche oder zahlenmäßige Struktur dieser Worte nachgrübelt, sondern das durch die spirituelle Haltung des Beters oder der Beterin verkörpert ist. Schon Maimonides charakterisiert das Wesen dieser Einstellung:

> »Kawwana bedeutet, das Herz von allen Gedanken zu entleeren und sich so zu betrachten, als ob man vor der Gottesherrlichkeit stünde. Daher ist es angemessen, eine Weile vor dem Gebet ruhig zu sitzen, um den Sinn zu sammeln und dann erst in Gelassenheit zu beten.«[33]

Das spezifisch Kabbalistische stellt sich mit der Überzeugung dar, dass der Beter auf diese Weise ermächtigt sei, auf die Gottheit einzuwirken und nach einem – freilich unter anderem Aspekt gemeinten – Wort des Apostels Paulus als »Gottes Mitarbeiter« mit Gott heilwirkend tätig zu sein:

»Der Beter lenkt den Arm der Welt«. In dem hier angewandten Sinn stellt das Gebet eine mystische Aktion dar, »die ordnenden Einfluß auf alle jene Welten ausübt, die der Betende in seiner Kawwana durchschreitet. Das Gebet ist so an seinem Teil ein wesentliches Stück des großen messianischen Prozesses des ›Tikkun‹ (Erlösung). Da die Kawwana geistiger Natur ist, wirkt sie unmittelbar auf die geistigen Welten ein und kann, wenn sie vom richtigen Mann am richtigen Ort geübt wird, ein besonders mächtiger Faktor werden.«[34]

Zu dem Erfolg der Kabbala als Ganzes gehört nicht zuletzt die Tatsache, wie stark sie seit dem 15. Jahrhundert auf das Christentum eingewirkt hat, sodass von einer *christlichen Kabbala* gesprochen werden kann. Ihre Anfänge gehen u. a. auf den Renaissance-Philosophen und christlichen Neuplatoniker Pico de la Mirandola (1463–1494) zurück. Er vertrat die These, dass das esoterische Judentum im Grunde mit dem Christentum als identisch angesehen werden müsse und dass beispielsweise die Trinitätslehre in der Theosophie des Sefirotbaumes vorgebildet sei. Man begann die Bibel kabbalistisch auszulegen und den Jesusnamen von daher zu deuten. Diesen Versuchen trat jedoch die jüdische Orthodoxie entschieden entgegen, wohl nicht zuletzt deswegen, weil es immer wieder Übertritte zum Christentum gab. Es gab aber auch Einwände von der Seite orthodoxer christlicher Theologen. Der Entwicklung der christlichen Kabbala tat das zunächst keinen Abbruch, zumal sich namhafte Vertreter zu dieser Richtung bekannten. Zu ihnen gehörten im 15. Jahrhundert Johann Reuchlin, im 17. Jahrhundert der Übersetzer der Kabbala ins Lateinische (*Cabbala Denudada*) Christian Knorr von Rosenroth sowie im 18. Jahrhundert der schwäbische Theologe und Theosoph Friedrich Christoph Oetinger[35]. Der protestantische Kirchenhistoriker Ernst Benz (1907–1978) hat diesem frühen und zumindest in Ansätzen bedeutsamen Dialog zwischen Judentum und Christentum mehrfach Ausdruck gegeben, indem er die in der christlichen Kabbala sich manifestierende »Erfahrung echter Gemeinschaft in einem Transzendenzerlebnis« hervorhob. In ihm hätten »die größten Frommen des Judentums und des Christentums sich als eins empfunden«. Und ein Wort des Philosophen Leopold Ziegler aufnehmend:

> »Es ist ein Geistraum überdies, der die christliche Offenbarung zum mindesten nach der Möglichkeit einschließt und in sich schließt, statt auszuschließen. Zumindest nach der Möglichkeit, wiederhole ich. Wobei ich meine Hoffnung auf jenen Versöhnungstag setze, da eine schuldhaft entzweite Judenheit-Christenheit ihre gemeinsame Wurzel im Zeichen der Umkehr gemeinsam bejahen, gemeinsam bekennen wird.«[36]

DER CHASSIDISMUS

Eine besondere historische Ausgestaltung fand die jüdische Esoterik bzw. die mit kabbalistischen Vorstellungen durchsetzte Religiosität im ostjüdischen Chassidismus, der nicht mit dem deutschen Chassidismus des Mittelalters[37] verwechselt werden darf und erst im frühen 20. Jahrhundert durch Martin Bubers Vermittlung seine – nicht unumstrittene – Popularisierung erlangt hat. Es handelt sich um eine der Alltagswirklichkeit zugewandte Glaubens- und Lebensform, eine mystisch getönte »Erweckungsbewegung«, die Gershom Scholem als »die letzte Phase der jüdischen Mystik« bezeichnet hat. Sie entwickelte sich im Laufe der überaus wechselvollen, von wiederholten Pogromen durchsetzten, aber auch von innerjüdischen Spannungen erfüllten Geschichte des Ostjudentums[38].

Der Chassidismus, die »Chassiduth« (Gemeinschaft der Frommen), der als Ganzes betrachtet »eine der bedeutsamsten und originellsten Erscheinungen nicht allein in der Geschichte des Judentums, sondern auch in der Entwicklungsgeschichte der Religionen überhaupt«[39] verkörpert, trat auf den Plan, als die Judenheit in West- und Mitteleuropa im Begriffe war, sich aus dem Ghettobereich zu lösen, sich zu emanzipieren und dem kulturell-gesellschaftlichen Leben der jeweiligen Völker anzugleichen. (Ghettos waren in vielen deutschen Städten seit Ende des 13. Jahrhunderts als abgegrenzte Wohngebiete von unterschiedlicher Größe bzw. als die so genannte »Judengasse« entstanden.)

Die in wirtschaftlicher und gesellschaftlicher Abhängigkeit gehaltenen Ostjuden unterlagen harten Verfolgungen. Hinzu traten innere Krisen, die sich über Jahrzehnte hinweg erstreckten. Die Endzeiterwartung und Messiashoffnung, die der Pseudo-Messias Sabbatai Zwi[40] (1626–1676) zu nähren wusste, versetzte weite Kreise der Gläubigen in Unruhe, auch dann noch, als Zwi, der vermeintliche Erfüller der jüdischen Messias-Hoffnung, zum Islam übergetreten war. Jedenfalls wurde die durch ihn aufgerufene Bewegung, der Sabbatianismus, sehr ernst genommen. 1666 galt als das Jahr der (nicht erfüllten) Erlösung.

Vor dem Hintergrund innerer und äußerer Bedrohung entstand die Volksbewegung des Chassidismus. In Podolien und Wolhynien, den einstigen Zentren des Sabbatianismus, breitete sich die Botschaft eines gewissen Israel ben Elieser (1700–1760) aus, der als »Baal-Schem-Tow« (Meister des guten, des wundertätigen Gottesnamens[41]) in die von allerlei Legenden umrankte Geschichte einging.

> »Er [Baal-Schem-Tow] ragt wie ein Riese empor unter jenen Männern, denen es beschieden war, auf das Denken und Wollen der Ostjuden, ihr religiöses

Empfinden und ihre Kultur bestimmend zu wirken ... Er gehörte zu jenen bevorzugten Menschen, in deren Wesen sich die Eigenschaften und das Schicksal einer Generation gleichsam verkörpern ... Der Baalschem wurde ein Tröster seines Volkes, und seine Worte konnten ungehemmt bis zu dem tiefsten Grund der Seelen seiner Brüder gelangen.«[42]

Als Kind gesetzestreuer jüdischer Eltern um 1700 in Okop (Okopy) bei Kamenez-Podolsk geboren, diente Israel ben Elieser u. a. als Synagogendiener. Insgeheim eignete er sich talmudische und kabbalistische Kenntnisse an. Sie waren ihm bei seiner Tätigkeit als ein mit den geheimnisvollen Gottesnamen wirkender Heiler dienlich. Als geistlicher Helfer und Berater diente er den Armen des Volkes (Am ha-Arez). Die Tradition berichtet, dass er sich in seinem 36. Jahr, also zur Zeit seiner Lebensmitte, seines eigentlichen Auftrags bewusst geworden sei. Um ihn bildete sich ein Kreis von Schülern, die durch die Beispielhaftigkeit seines Lebens und Lehrens fasziniert waren. Seine Sendung umschrieben die Worte des Selbstzeugnisses: »Ich bin gekommen, den Menschen einen neuen Weg, wie sie zu sich gelangen können, zu weisen: Drei Dinge sind hierzu vor allem nötig: Liebe zu Gott, zu Israel und zur Thora, aber keinerlei Kasteiung und Selbstpeinigung.« Es gilt, Gott in allen Dingen, in allen Verrichtungen freudig zu dienen, in schöpfungsnaher, schöpfungbejahender Frömmigkeit. Möglich sei das, weil es kein Ding gebe, das außerhalb des einen Gottes existiere. Nicht gelehrte Schriftauslegung ist seine Sache; vielmehr ist durch das Tun und Denken bei der Erlösung der Welt mitzuwirken. Denn als Gott die Welt baute, fielen »heilige Funken« auf die Erde. Durch ein hingebungsvolles, im Aufblick zu Gott erfülltes Tun, sind diese Funken aus ihren Verschalungen zu befreien, damit sie geläutert zu ihrem oberen Ursprung zurückkehren können. Die mystisch-theosophische Spekulation trat bei Israel ben Elieser in den Hintergrund. Sein Ziel war es, in der Spannung zwischen Verzweiflung und Hoffen, durch eine in die Praxis umgesetzte, zum Ethos gewordene Kabbala zur Heiligung des Alltags beizutragen. Der dem Holocaust entronnene Schriftsteller Elie Wiesel, der selbst einer chassidischen Familie entstammte, beginnt eine seiner Geschichten mit der Frage: »Wollt ihr wissen, was der Chassidismus ist?« Seine Geschichte antwortet darauf:

> »Kennt ihr die Geschichte von dem Schmied, der selbständig sein wollte? Er kaufte einen Amboß, einen Hammer und einen Blasebalg und machte sich an die Arbeit. Vergeblich. In der Schmiede regte sich nichts. Da sagte ein alter Schmied, den er um Rat gebeten hatte: Du hast alles, was du brauchst, nur der Funke fehlt.«[43]

So bruchstückhaft die Lebenszeugnisse und die Lehrmitteilungen des Baal-Schem auch sein mögen, die nicht er selbst, sondern nachfolgende Generationen seiner Schüler und Anhänger niedergeschrieben haben, so sind sie doch Belege für sein Charisma und für seine spirituelle Autorität. Eine der ihm zugesprochenen Weisungen lautet: »Der Mensch ergreife die Eigenschaft des Eifers gar sehr. Er erhebe sich im Eifer von seinem Schlaf, denn er ist geheiligt und ein anderer worden und ist würdig zu zeugen und ist worden nach der Eigenschaft Gottes des Heiligen, da er Welten erzeugte.« In einer gläubigen Hinwendung zur Welt gelang es seinen Verehrern, den Chassidim, angeleitet durch geistliche Führergestalten, den Zaddikim (d. h. Gerechten), die in Formalismus und ritueller Gesetzlichkeit befangenen Vertreter der jüdischen Orthodoxie ihrer Zeit aufzurütteln. Es entstanden auch eine Reihe von Sonderformen der Chassiduth. Abgesehen von den Wandlungen, die im Laufe der Jahrhunderte eintraten, tat der Terror des Nationalsozialismus ein Übriges. Das Ostjudentum wurde bis auf geringe Reste ausgelöscht. Es überlebten nur jene, denen die Flucht in die USA oder in den Staat Israel möglich war, wo es heute Nachfahren verschiedener chassidischer Gründerväter (Zaddikim) gibt.

Jedenfalls hat die »chassidische Botschaft« als solche die Katastrophe überlebt. Dabei ist die Art und Weise ihrer Vergegenwärtigung seit langem umstritten. Die ältere religionsgeschichtliche Forschung hat in einem sehr viel geringeren Maße dazu beigetragen, die versunkene Welt chassidischer Frömmigkeit der Allgemeinheit bekannt zu machen, als dies insbesondere den Arbeiten Martin Bubers beschieden war. Indem er es schon in jungen Jahren (nach 1900) unternahm, das anekdotische Überlieferungsgut und die legendären Traditionen zu erschließen, wurde er selbst als Autor berühmt. Bubers Präsentation der chassidischen Erzählungen haben dem Chassidismus weltweit Freunde gewonnen. Doch der Widerspruch, speziell durch seinen ihm freundschaftlich verbundenen, aber entschiedenen Kritiker Gershom Scholem vorgetragen[44], konnte nicht ausbleiben. Er bestand u.a. in dem Aufweis, dass Buber es an einer historisch-kritischen Beurteilung der Lebenswirklichkeit wie der überkommenen chassidischen Texte habe mangeln lassen. Er habe aus seiner eigenen philosophischen Position heraus gedeutet. Die Berücksichtigung der Quellen sei ihm nicht wichtig genug gewesen. Dadurch sei eine Verkürzung der chassidischen Theologie und Mystik erfolgt[45]. Immerhin musste Scholem einräumen: »Wir sind alle in irgendeinem Sinne seine (Bubers) Schüler. In der Tat denken wohl die meisten von uns, wenn sie über Chassidismus sprechen, vor allem in den Begriffen, die ihnen durch Bubers philosophische Deutung vertraut geworden sind, und vielen Autoren, die in diesen Jahren über Buber geschrieben haben, ist es, vieler Hinweise bei ihm selber ungeachtet, überhaupt nicht bewußt geworden, dass es sich bei Bubers Werk um eine Deutung handelt, deren Beziehung zur Sache selbst problematisch sein könnte.«[46]

Nun kann man fragen, ob es allein darum gehe, historische Fakten zu sichern und dann bei der nüchternen Tatsachenfeststellung stehen zu bleiben. Weiter kann man fragen: Entspricht es nicht dem Wesen spiritueller Aktivität und charismatischer Praxis, das ins Werk zu setzen, was aus den eigenen Wesenstiefen heraus nach Verwirklichung drängt? Sind nicht auch und gerade die chassidischen Meister (Zaddikim) dadurch »groß«, dass sie ihren eigenen Weg gegangen sind, indem sie mehr dem Geist als dem Wortlaut der Lehre des Baal-Schem folgten? – Als sich Buber zu seiner spezifischen Weise der Chassidismus-Rezeption entschloss, entschied er sich für dasjenige, was er als den fortwirkenden Geist ansah. Er entschied sich – bis zu einem gewissen Grade – gegen den bloßen Buchstaben. Die dem Buchstaben verpflichteten Historiker sind sicher im Recht, solange sie wie einst schon Simon Dubnow (1860–1941) oder nach ihm Gershom Scholem darauf achten, dass der moderne Kommentar nicht stillschweigend mit dem historischen Text verwechselt werde.

Aber – bei allem Respekt vor den Dokumenten der Vorzeit – auch die ehrwürdigste Überlieferung weist von sich weg auf die geistig-religiöse Erfahrung, die in Schrift und Buch einen sichtbaren Niederschlag gefunden hat. Die Buchstaben sind Gefäße, gewiss auch unentbehrliche und philologisch rein zu haltende Gefäße. Größer aber als das, was sie bergen, sind sie nicht. Sie sind, um es in der Sprache der kabbalakundigen Chassidim zu sagen, »heilige Funken«, die Mal um Mal freigesetzt werden sollen – in uns, durch uns. Dieser Aufgabe in einzigartiger Weise entsprochen zu haben ist Bubers Verdienst als Botschafter des Chassidismus[47]. Sein Ansatz lässt sich mit Worten formulieren, die sich bereits in den ersten Äußerungen zu diesem seinem großen Thema (1906) finden:

> »Der Chassidismus ist die Ethos gewordene Kabbala. Aber das Leben, das er lehrt, ist nicht Askese, sondern Freude in Gott ... Der Chassidismus ist kein Pietismus. Er entbehrt aller Sentimentalität und Gefühlsostentation. Er nimmt das Jenseits ins Diesseits herüber und läßt es in ihm walten und es formen, wie die Seele den Körper formt. Sein Kern ist eine höchst realistische Anleitung zur Ekstase, als zu dem Gipfel des Daseins. Aber die Ekstase ist hier nicht, wie etwa bei der deutschen Mystik, ein ›Entwerden‹ der Seele, sondern deren Entfaltung; nicht die sich beschränkende und entäußernde, sondern die sich vollendende Seele mündet ins Unbedingte.«[48]

So eindrücklich uns die Geschichte der Chassidim erzählt wird, so ist auch ihnen nach wenigen Generationen widerfahren, was das Schicksal jeder spirituellen Bewegung ist: Sie erlebte ihren Niedergang. Das ursprüngliche Charisma und die Vollmacht des Wunderwirkens schwanden dahin. Was den Zaddikim, den geisterfüllten »Gerechten«, nachgesagt wurde, es hüllte sich ein ins Gespinst der Legende. Doch nicht völlig, denn es blieb ein Rest. Man hegte zum Beispiel die Überzeugung, dass man das Licht des immer noch erhofften Messias in die Welt bringe, wenn man die Geschichten jener Zaddikim weitererzähle, selbst wenn man den Verlust der einstigen Spiritualität eingestehen muss.

Gershom Scholem hat das auf seine Weise getan, indem er erzählte, was er einstmals in jungen Jahren aus dem Mund des hebräischen Erzählers Samuel Josef Agnon (1888–1970) gehört hat:

»Wenn der Baal-Schem etwas Schwieriges zu erledigen hatte, irgendein geheimes Werk zum Nutzen der Geschöpfe, so ging er an eine bestimmte Stelle im Walde, zündete ein Feuer an und sprach, in mystische Meditationen versunken, Gebete – und alles geschah, wie er es sich vorgenommen hatte. Wenn eine Generation später der Maggid von Meseritz dasselbe zu tun hatte, ging er an jene Stelle im Walde und sagte: ›Das Feuer können wir nicht mehr machen, aber die Gebete können wir sprechen – und alles ging nach seinem Willen. Wieder eine Generation später sollte Rabbi Mosche Leib aus Sassow jene Tat vollbringen. Auch er ging in den Wald und sagte: ›Wir können kein Feuer mehr anzünden, und wir kennen auch die geheimen Meditationen nicht mehr, die das Gebet beleben; aber wir kennen den Ort im Walde, wo all das hingehört, und das muß genügen.‹ – Und es genügte. Als aber wieder eine Generation später Rabbi Israel von Rischin jene Tat zu vollbringen hatte, da setzte er sich in seinem Schloß auf seinen goldenen Stuhl und sagte: ›Wir können kein Feuer machen, wir können keine Gebete sprechen, wir kennen auch den Ort nicht mehr, aber wir können die Geschichte davon erzählen.‹ Und – so fügt der Erzähler hinzu – seine Erzählung allein hatte dieselbe Wirkung wie die Taten der drei anderen.«[49]

2. GELEBTE FRÖMMIGKEIT UND SPIRITUALITÄT

Abgesehen von der Tatsache, dass das Judentum auch nach islamischer Einschätzung als eine »Buchreligion« betrachtet werden kann, vollzieht sich das Leben der religiös verwurzelten Juden naturgemäß im rhythmischen Wechsel von Alltag und Feier, wobei der Sabbat als siebenter Tag einer Woche natürlich sehr viel mehr ist, als was man heute mit dem Wunsch: »Schönes Wochenende!« ausdrückt.

Das Leben eines Juden setzt, soweit dieser der lebendigen Tradition Israels noch nicht völlig entfremdet ist, in individueller wie gemeinschaftlicher Lebensgestaltung die alte Väterüberlieferung fort. Das geschieht heute vor allem in Brauchtum, Kultus und Feier. Anders verhält es sich bei traditionsbewussten und gläubigen Menschen. Wie für einen gläubigen Juden der Tag beginnt bzw. einst beginnen konnte, schildert der Schriftsteller Shmarya Levin (1867– 1935), der in einem Dorf des zaristischen Russlands aufgewachsen ist:

> »Am Morgen pflegte ich, froh und beglückt, die schöne Gotteswelt wiederzuschauen, aus dem Bett zu springen. Das erste Gebet, das ich – wie jedes andere jüdische Kind – hersagen lernte, war das ›Mode ani‹ [›Ich danke ...‹], die Worte, welche der Jude spricht, sobald er nach dem Schlaf wieder zum Bewußtsein kommt und Wasser über seine Hände gegossen hat. Es ist das Gebet, das den Allmächtigen lobpreist, weil er die Seele in den Körper zurückkehren ließ. Während des Schlafs – so malten wir uns aus – haben wir keine Seele – nur einen Geist – ... Ich wiederholte mit besonderer Inbrunst die Worte, welche Gott dafür dankten, daß er meine Seele meinem Körper wiedergegeben hatte ...«[50]

Das Morgengebet setzt sich noch aus weiteren Wortlauten zusammen. Unverzichtbar ist für jeden Juden das »Sch'ma«-Gebet mit den Anfangsworten »Sch'ma Jisrael ...« (Höre Israel, der Herr ist unser Gott, der Herr ist Einer). Es sind (von wenigen Einfügungen abgesehen) Worte aus Deuteronomium 6,4–9, in denen Jahve als der Eine bekräftigt ist, ein Gott, dem kein anderer an die Seite gestellt werden darf. Das entspräche dem seit alters verpönten Götzendienst bzw. der Abgötterei. Daher das wiederkehrende und unablässige Gelöbnis des Frommen:

> »Höre, Israel, der Ewige, unser Gott, der Ewige ist einzig. Gelobt sei der Name der Herrlichkeit seines Reiches für immer und ewig. Du sollst den Ewigen, deinen Gott lieben mit deinem ganzen Herzen und deiner ganzen Seele und mit deinem ganzen Vermögen. Es seien diese Worte, die ich dir heute gebiete, in deinem Herzen. Schärfe sie deinen Kindern ein und sprich von ihnen, wenn du in deinem Hause sitzest und wenn du auf dem Wege gehst, wenn du dich niederlegst und wenn du aufstehst. Binde sie zum Zeichen an deinen Arm, und sie seien als Stirnband zwischen deinen Augen. Schreibe sie auf die Pfosten deines Hauses und an deine Tore.«

Es geht dem Betenden somit um zweierlei: Zum einen hat er sich und den Seinen die Verbindung mit Gott unablässig einzuprägen, in Herz und Seele und unter Anspannung aller seiner Kräfte. Dazu fühlt er sich verpflichtet. Zum anderen ist dieser innere Vorgang auch durch den äußeren rituellen, somit durch den zeichenhaften Vollzug sichtbar zu machen. Man denke an die beim Gebet anzubringenden Gebetsriemen (Tefillin),

> » ... an denen lederne Kapseln befestigt sind, die beim Morgengebet am linken Arm gegenüber dem Herzen und an der Stirn getragen werden. In jeder dieser Kapseln liegen auf Pergament geschriebene

> Pentateuchabschnitte (Ex. 13,1–10. 11–16; Dtn. 6,4– 9; 11, 13–21). Herz und Verstand sollen dadurch symbolisch an dem soeben beginnenden Tag Gott geweiht sein. Die Fortsetzung des 1. Abschnittes – ›und schreibe sie auf die Pfosten deines Hauses und an deine Tore‹ – weisen auf die Mesusa, die mit Sch'ma-Versen beschriebene Pergamentrolle, die in ein hölzernes oder metallenes Gehäuse gelegt und so an die Türpfosten der Wohnung angebracht wird. Die Inschrift gemahnt den Juden beim Verlassen seines Hauses zu seiner täglichen Arbeit und bei seiner Rückkehr in seine Häuslichkeit daran, daß alles Materielle, um das er sich bemüht, nur Mittel zum Zweck ist – zur Erreichung einer höheren Stufe der Menschlichkeit und Vergeistigung ...«[51]

Vervollständigt wird die rituelle Bekleidung durch einen Überwurf oder Gebetsmantel (Tallit). Erinnert sei etwa an die Darstellungen von Betern auf den Bildern von Marc Chagall. Derartige Bilder muten wie Bekenntnisse an. Sie besagen: Auch ich gehöre zum Gottesvolk, zum Bund seines Gottes.

Zum Gebetskanon gehören noch weitere Texte, die Ausdruck des Gotteslobes, der Bitte, der Fürbitte für andere und schließlich des Dankes sind. Dazu gehören das Kaddisch-Gebet, das in der täglichen Andacht seinen Platz hat und vor allem als Gebet der Söhne, die Kaddisch für ihre verstorbenen Eltern sprechen; ferner das so genannte Achtzehnbitten-Gebet, das man früh, mittags und abends verrichtet. Am Abend wiederholt man das »Höre Israel!«, um gewissermaßen mit dieser Selbstvergewisserung des eigenen Jude-Seins auf den Lippen auch in die unbewussten Regionen des Schlafes hineinzugehen. Das ist ein weiterer Hinweis darauf, wie wesentlich es für den jüdischen Gläubigen ist, sich in die lebendige Tradition seiner Väter in unverbrüchlicher Treue (Emuna) hineinzustellen. Die Bezeichnung »Buchreligion« ist jedenfalls zu relativieren.

Der Christ, der sich um ein Verständnis jüdischer Frömmigkeit und Spiritualität bemüht, könnte aber auch bei seiner eigenen Gebetsüberlieferung beginnen. Denn das Herrengebet »Vater unser ...« stellt keinesfalls ein christliches Spezifikum dar, das sich vom Gebetsgut der Judenheit substanziell unterscheidet. Vielmehr ist es aus dem Gebetsschatz Israels geschöpft. Es stellt – wie sich unschwer nachweisen lässt – so etwas wie ein spirituelles Konzentrat dessen dar, aus dem der Rabbi Jesus von Nazareth gelebt hat. In seiner Antwort auf die Frage: »Das Vaterunser – ein christliches oder ein jüdisches Gebet?« hat Pinchas Lapide (1922–1999) dafür zahlreiche Belege zusammengetragen.[52]

»Auch die Gliederung des Gebetes in sieben Einzelbitten, von denen die ersten drei an Gott gerichtet sind und seine Herrschaft betreffen, während die letzten vier Fürbitten für das menschliche Wohl darstellen, ist nach biblischem Vorbild gestaltet. – Genau wie die sieben Seligpreisungen der Bergpredigt, die sieben Weherufe Jesu über die Pharisäer, die sieben Gleichnisse vom Reich Gottes und die Pflicht, nicht siebenmal, sondern siebenundsiebzigmal zu vergeben, erinnern sie an die heilige Siebenzahl in den mosaischen Büchern, die in den sieben Wochentagen, dem Jubeljahr (nach sieben mal sieben Jahren) und im siebenarmigen Leuchter des Tempels verewigt sind, um nur einige der markantesten Beispiele zu nennen. Es folgen nun, wie bekannt, drei Bitten – keine Gelöbnisse oder Wünsche, wie man meinen könnte –, die fast wörtlich dem täglichen Kaddisch-Gebet der Synagoge entsprechen, das höchstwahrscheinlich aus dem ersten vorchristlichen Jahrhundert stammt. Dort heißt es, wie jeder Jude aus seiner Synagoge weiß:
›Erhaben und geheiligt werde Sein großer *Name* in der Welt, die Er nach Seinem *Willen* geschaffen, und Er lasse herrschen Sein *Königtum* in eurem Le-

ben und in euren Tagen und im Leben des ganzen Hauses Israel.‹
In diesem ersten Satz eines der ältesten Synagogengebete finden wir geballt die drei Schlüsselbegriffe, die Gegenstand der ersten Vaterunser-Bitten sind: Gottes Name, Sein Königtum und Sein heiliger Wille ... Nur wenn und wo Gottes Name in der Welt geheiligt wird, erkennt die Menschheit Sein Königtum an, und eben da kann Gott auch Seinen Willen zum Heil der Welt ausführen.«[53]

DIE BESCHNEIDUNG

Durch das mit dem ausdrücklichen Segen Gottes begleitete Gebot, »fruchtbar zu sein und sich zu vermehren und die Erde zu füllen« (Gen. 1, 28), sind nach dem hebräischen Menschenbild Mann und Frau aneinander gewiesen. Die Fruchtbarkeit der Ehe gilt als Ausdruck des göttlichen Segens, seit den Tagen der Erzväter Abraham, Isaak und Jakob. Bedeutsam ist dabei, dass sich die Verheißung nicht auf das alte Gottesvolk beschränkt: »Ich will deinen Samen mehren wie die Sterne am Himmel, und will deinen Samen allen diesen Ländern geben. Und durch deinen Samen sollen alle Völker auf Erden gesegnet werden« (Gen. 26,4).

Jude wird man, wenn man eine Jüdin zur Mutter hat. Damit ist auf eine wesentliche Rolle der Frau hingewiesen, obwohl die patriarchale Einschätzung und Priorität des Mannes im kultischen wie im gesellschaftlichen Leben nicht zu leugnen ist. Denn in erster Linie ist es ihm in besonderer Weise aufgetragen, der göttlichen Weisung zu folgen und die von Gott aufgetragenen religiösen Pflichten (*Mizwot;* Einzahl: *Mizwa*) mit großer Achtsamkeit zu erfüllen. Denn in der derart geprägten Gesellschaft ist es Israel bzw. der Mann, mit dem Gott seinen Bund *(Berit)* geschlossen hat. Es handelt sich um den Bund Abrahams *(Berit*

Abraham), der gemäß Genesis 17, 9 ff. durch die Beschneidung *(Berit Mila)* am achten Tag nach der Geburt eines männlichen Kindes durch die Entfernung der Vorhaut zu vollziehen ist. Damit wird ein speziell ausgebildeter Mann, der Mohel oder Beschneider, betraut. Der Akt als solcher, der (außer bei körperlicher Schwäche des Säuglings) am achten Tag nach der Geburt geschehen muss, ist das Zeichen des Bundes, der zwischen Gott und seinem Volk zustande gekommen ist. Mit der Beschneidung bekommt der Junge seinen Namen. Er wird damit selbst ein lebendiges Glied des Gottesvolkes. Das geschieht gemäß dem Wort:

> »Und Gott sprach zu Abraham: Du sollst meinen Bund bewahren, du und dein Samen nach dir für ihre Geschlechter. Das ist mein Bund, den ihr bewahren sollt, zwischen mir und dir und deinem Samen nach dir. Beschnitten werde bei euch jedes Männliche. Und ihr sollt beschnitten werden an eurem Gliede der Vorhaut, und das sei zum Zeichen des Bundes zwischen mir und euch. Und acht Tage alt soll beschnitten werden bei euch jedes Männliche für eure Geschlechter.«

Nach erfolgtem Beschneidungsritual spricht der Vater des Jungen ein Wort der Segnung *(Beracha)* aus, indem er mit der Formel beginnt: »Gepriesen seist du Herr, unser Gott, König der Welt ...!« An die familiäre Feier schließt sich in der Regel ein festliches Mahl an, das die Angehörigen desselben Glaubens vereint.

BAR MIZWA

Wer in dieser leibhaften Weise mit dem Bundeszeichen versehen ist, wird mit Erreichung des 13. Lebensjahres zum *Bar Mizwa*, d. h. zum »Sohn der Verpflichtung«. Er tritt ein in die Pflichten und Rechte eines jüdischen Mannes, der damit ein volles Glied seiner Gemeinde wird, obwohl er in der bürgerlichen Gemeinde noch als unmündiges Kind gilt. Die religiöse Mündigkeit aber ist erreicht. Vater und Mutter geben ihren Sohn gewissermaßen frei, künftig selbstverantwortlich sein Jude-Sein zu leben. Wer den Status des Bar Mizwa nach vorausgegangener spezieller Unterweisung und Einführung in die Überlieferung erlangt hat, kann nun zum *Minjan*, d. h. zu der Zahl zehn männlicher Mitglieder, mitgerechnet werden, die zur regulären Gottesdienstfeier nötig sind. Als orthodoxer Jude wird er künftig beim Gebet die Tefillin anlegen. Er wird aufgenommen in der Schar derer, die mit der Thora Umgang haben können. Er spricht den Segensspruch über die Thora. Und obwohl schon in der Mischna zu lesen ist, dass man Dreizehnjährige in die volle Gemeindemitgliedschaft aufnehmen solle, geht die Bezeichnung »Bar Mizwa« nur bis ins 15. Jahrhundert zurück.

Am Sabbat nach dem 13. Geburtstag findet dieser Akt der Aufnahme in den Bund Abrahams statt. Zum ersten Mal in seinem Leben wird der Name des neuen Bar Mizwa vor der Gemeinde genannt. Er wird aufgerufen, Gott als den »König der Welt« zu preisen und einen Abschnitt der Schrift zu lesen. Damit ist die gemeindliche wie die familiäre Bar-Mizwa-Feier ein weiterer wichtiger Höhepunkt im Leben eines Juden. Alle Nahestehenden nehmen daran, wie schon bei der Beschneidung, freudigen Anteil. Es hat freilich lange gedauert, bis man empfand, dass es auch für die Frau einen ähnlichen Akt der Aufnahme geben solle. Religiös volljährig ist das Mädchen schon nach Erreichung des zwölften Lebensjahrs. Im 19. Jahrhundert führten liberale Juden den Begriff der *Bath Mizwa* (Tochter des Gesetzes) ein, sodass es nahe liegt, die für Jungen und Mädchen durchgeführten Feiern mit derjenigen der Konfirmation im Protestantismus zu vergleichen.

DIE HOCHZEIT

»Das Ziel der Frau ist die Ehe; das Ziel der Ehe sind Kinder; der Sinn der Ehe Gott. Und auf nichts anderes soll auch der Sinn der Frau gerichtet sein.«[54] Damit ist auf den Ernst der religiösen (nicht zivilrechtlichen) Einrichtung der Ehe hingewiesen, denn abgeleitet ist das Gebot des Eheschlusses aus Genesis 28, wo Vater Isaak seinem Sohn Jakob Anweisungen gibt, von woher er seine Frau nehmen solle. Daraus ergibt sich, welche Beziehung zwischen Ehemann und Ehefrau besteht: Er ist der Herr (Baal), sie ist – im rabbinischen Sinn nach der ersten ehelichen Vereinigung – Eigentum (Beula) des Mannes. Dabei wird großer Wert auf die Feststellung gelegt, welche wichtige Rolle die jüdische Ehefrau als Mutter und Hausfrau innehabe. Ihr Jüdin-Sein bestimmt die religiöse Zugehörigkeit ihrer Kinder; ihr obliegt ein wesentlicher Teil der Erziehung; sie entzündet die Lichter bei der familiären Sabbat-Feier. Als Gattin teilt sie Freud und Leid ihres Mannes gemäß Genesis 2, 18: »Und Gott der Herr sprach: Es ist nicht gut, dass der Mensch [Adam] allein sei. Ich will ihm eine Gehilfin machen, die um ihn sei.«

Nicht die sonst übliche lärmende Lustigkeit, mit der der Abschied vom Jungesellen- oder Single-Dasein begangen wird, sondern Fasten – in bestimmten Maßen – geht der Hochzeitsfeier voraus. Nach den eingehenden Vorbereitungen tritt das Paar unter den Trauhimmel, die Chuppa, zugleich Sinnbild des ehelichen Heimes, wobei der Vater die Braut, die Mutter den Bräutigam hingeleitet. Von Segenssprüchen begleitet reicht der Rabbiner Mann und Frau zwei Becher Wein, die in einer bestimmten Weise genossen werden. Vor den Trauzeugen tauschen die Brautleute die beiden einfachen, durch keinen Zierrat oder Schrift gezeichneten Ringe. Die Formel lautet: »Durch diesen Ring sei mir geheiligt nach dem Gesetze Mosches und Jisraels.« Damit ist die Ehe geschlossen. Ein Heiratsvertrag regelt die Besitzverhältnisse. Eine eventuelle Ehescheidung ist an bestimmte Bedingungen geknüpft, wobei für die Frau der erforderliche Schutz vorgesehen ist.

Bedenkt man, in welcher kulturellen Umgebung Israel seinen Weg in die Welt angetreten hat, dann ist die hohe Einschätzung von Ehe und Familie, der Sexualität und der ehelichen Fruchtbarkeit hervorzuheben:

> »Das Judentum kultivierte im Altertum, zwischen Astarte und Venus, zwischen Assyrien und Rom, mitten zwischen den klassischen Völkern der sexuellen Überbetonungen, Extravaganzen und Perversitäten – das maßvoll natürliche Verhältnis zwischen den Geschlechtern, das auf Gegenseitigkeit, Achtung und Fortpflanzung bedacht ist, und kultivierte das gleiche Verhältnis in den folgenden Jahrhunderten zwischen Rom und Wittenberg, zwischen spanischen Mönchen und nordischen Puritanern, den klassischen Fanatikern der sexuellen Überbetonungen. Zwischen den Maßlosigkeiten für und wider das Geschlecht, zwischen Ausschweifung und Askese hat sich die jüdische Ehe ... von den Tagen der Pharaonen bis zu den Ausgrabungen ihrer Mumien lebendig erhalten.«

Und Leo Hirsch fügt mit Blick auf künftige Geschicke seiner Einschätzung die vorausblickende Bemerkung hinzu: »Verkommt die jüdische Ehe, dann ist das Judentum unrettbar verloren.«[55]

KOSCHERES LEBEN

Die Frage, ob etwas koscher (d. h. tauglich, passend) ist oder nicht, bezieht sich – entgegen der allgemeinen Anschauung – nicht allein auf Fragen der Ernährung, wenngleich das Judentum seit den Tagen der Thora eine Fülle von Speisegeboten kennt, deren strikte Beachtung dem orthodox Lebenden auferlegt ist. Koscher haben auch andere Gegenstände zu sein. Gemeint ist die Unversehrtheit und Unverletzlichkeit etwa einer Thora-Rolle. Sie ist dann nicht mehr koscher, wenn sie fehlerhaft, lückenhaft oder wenn sie nicht mehr vollständig lesbar ist. Koscher müssen auch weitere Gegenstände des kultischen Lebens sein, angefangen bei den Tefillin, den Gebetsriemen, bis hin zur Konstruktion des rituellen Bades. Koscher haben sich die Personen bei einem nach rabbinischem Recht vollzogenen Prozess zu verhalten. All das spricht für die geforderte Sorgfalt, mit der wichtige Vollzüge im Leben des Einzelnen wie der Gemeinschaft erfolgen sollen.

Ein besonderes Kapitel stellen in der Tat die Speisevorschriften dar, die ebenfalls keine Nachlässigkeit dulden.

In ihren Grundzügen sind sie bereits in der Thora festgelegt, angefangen bei der Weise, in der ein Tier für die Schlachtung auszuwählen ist, wie es zu schlachten, d. h. zu schächten ist, damit keine Blutreste zurückbleiben, bis hin zur Zubereitung der Speisen, auch der Aufbewahrung des Geschirrs. Wenn zum Beispiel Exodus 23,19 und an anderer Stelle geboten ist: »Koche nicht ein Böcklein in der Milch seiner Mutter!«, dann leitete man daraus das Verbot ab, Fleisch und Milch oder Milchprodukte miteinander zu vermischen. Das macht es auch nötig, die für die eine und für die andere Mahlzeit erforderlichen Gefäße sowie das dazu benötigte Besteck zu trennen. All dem, was ein orthodoxer Jude peinlich genau zu beachten hat, womit ein liberal gesinnter jedoch sehr viel legerer umgeht, liegt letztlich eine Mizwa, eine heilige Verpflichtung, zugrunde. Es geht um nichts Geringeres als darum, bis in die elementaren Vollzüge des Essens hinein der Gottesgegenwart bewusst zu sein und seine Gebote zum Wohle von Leib und Seele zu vollziehen.

TOD UND STERBEN

Weil Israel zwar Trauer- und Fastenzeiten kennt, so ist es doch keine Religion, die die Askese und den Lustverzicht predigt. Vielmehr preist sie das Leben, seine Erhaltung und seine Vervielfältigung seit den Tagen der Erzväter. Ein Jude sollte beispielsweise prinzipiell darauf achten, dass an seinem Wohnort ein Arzt lebt, um gegebenenfalls für die Behandlung von Krankheiten zu sorgen. Doch gehört auch der Tod zur Lebensganzheit hinzu. Der Mensch hat weder das Recht, sich oder andere zu töten – das gebietet schon die Satzung: »Du sollst nicht töten!« Noch ist es ihm erlaubt, auf künstliche bzw. fragwürdige Lebensverlängerung zu setzen. Jedenfalls ist die Art und Weise, in der das unter Umständen geschehen könnte, Gegenstand der rabbinischen Diskussion. Es gilt allein der Grundsatz: Gott ist allein der Herr über Leben und Tod.

Wer nun diesem Gott angelobt ist, der kann damit rechnen, dass die Mitglieder des Gottesbundes ihm in der letzten Stunde Beistand leisten. Diesen Dienst erfüllen Männer und Frauen, die in der Chevra Kaddischa, einer Beerdigungsgemeinschaft der Synagoge, zusammengeschlossen sind. Von alters her hatte die Berührung eines Leichnams die kultische Unreinheit zur Folge. Die Betreffenden durften eine Woche lang nicht am Tempelgottesdienst teilnehmen. Von daher, also nicht allein aufgrund von praktischen Gesichtpunkten mag diese Handhabung rühren. Zur Sterbebegleitung gehört die Verpflichtung, sei es lebend, sei es sterbend, auch noch auf dem Totenbett mit dem »Schma Jisrael« die Zugehörigkeit zum Gottesbund zu bezeugen. Söhne sprechen ihren verstorbenen Eltern den Kaddisch, worunter ein Gebet der Heiligung und der Segnung zu verstehen ist.

Der Rabbiner grüßt die Trauernden mit dem Spruch: »Der Allgegenwärtige tröste euch inmitten derer, die um Zion und Jerusalem trauern ...« Diese Worte erinnern daran, dass es sich letztlich nicht nur um ein individuelles oder familiäres Geschehen handelt. Die Trauer um Sterbende bezieht daher die Trauer um den einst durch Vertreibung und Verfolgung verlorenen Zionsberg mit ein. Freunde bzw. die Beerdigungsbruderschaft schaufeln das Grab und versenken darin den Sarg. Wenn in alter Zeit über dem Grab – offensichtlich nicht allein über dem von Juden – ein Steinhaufen errichtet wurde, um die Stätte zu bezeichnen und die Erinnerung an den Verstorbenen wach zu halten, so hat sich dieser Brauch im Judentum bis heute fortgesetzt: Selbst auf Grabsteine legt man einen Stein. Und im Kreis der versammelten Gemeinde spricht man ein Gebet, das als Vorläufer des christlichen Vaterunser angesehen wird. Es gilt Lebenden wie Verstorbenen. Darin heißt es:

> »Gepriesen und geheiligt sei Sein großer Name in Zeit und Welt, die er nach Seinem Willen erschuf. Möge Er Sein Reich errichten während eures Lebens, während eurer Tage und während des Lebens des ganzen Hauses Israel. Amen – so sei es.«[56]

3. DER KALENDER, DIE FESTE, DIE GESCHICHTE

Naturgemäß ist der jüdische Festkalender (*Luach*, »die Tafel«) wesentlich älter als der christliche. Im Mittelpunkt steht nicht eine herausgehobene Person, kein »Messias«, sondern der Weg, den Gott mit seinem Volk gegangen ist und mit dem er – mitten in der säkularen Zeit – weiterhin unterwegs sein möge. Von zentraler Bedeutung ist hier der Gang Israels aus der Knechtschaft in die Freiheit. Das ist an einer Reihe wichtiger Feste abzulesen.

Man zählt die jüdischen Kalenderjahre vom Beginn der Schöpfung an. Dass damit nicht eine historische Aussage gemeint ist, bedarf längst keiner besonderen Erwähnung mehr. Man ging von den in der Bibel gemachten Zahlenangaben und Lebensaltern aus und behielt die Zählweise auch dann noch bei, als man wusste, dass diese »Zählung ab Weltbeginn« keine naturwissenschaftliche Grundlage haben kann. Derzeit gilt die etwa seit dem 10. Jahrhundert eingeführte kalendarische Ordnung.

Das jüdische Jahr, das im Herbst beginnt, bezeichnet man als »lunisolar«, d. h., die Monate werden nach dem Mond, die Jahre jedoch nach der Sonne berechnet, wobei man von zwölf Monaten mit je 29 bzw. 30 Tagen ausgeht. Von daher gesehen verdienen die einzelnen Mondphasen besondere Beachtung. Die Woche beginnt mit dem Sonntag, eine Einstellung, die die Christenheit einst übernahm, indem sie die Feier der Auferstehung Christi als Festtag an den Wochenanfang setzte. Hingegen stellt der jüdische Sabbat gemäß der biblischen Schöpfungsgeschichte den »Ruhetag« am Wochenende dar. An ihm ruhte der Schöpfer von allen seinen Werken. Darum segnete er und heiligte er ihn (Gen. 2,2). Die Monatsnamen sind über das Aramäische dem Babylonischen entlehnt:

Tischri (30 Tage), Marscheschwan (auch Cheschwan, 29 oder 30), Kislew (30 oder 29), Tewet (29), Schewat (30), Adar (29), Nissan (30), Ijar (29), Siwat (30), Tammus (29), Aw (30), Elu (29).[57]

Seit alters her bedurfte es einer offiziellen Zeitbestimmung, um bei der Abhaltung der Feste die für die gesamte Judenheit gewünschte Konformität zu erzielen: »Als Israel noch in seinem eigenen Land als selbständiges, unabhängiges Staatsvolk wohnte, pflegte das Sanhedrin, der Oberste Gerichtshof, den Beginn jedes Monats feierlich zu verkünden, sobald ihm verläßlich gemeldet wurde, daß sich die erste Neumondsichel am Himmel gezeigt habe. Das Sanhedrin sandte dann sogleich Boten in alle Gemeinden, um ihnen das genaue Datum zu geben, das zur pünktlichen Einhaltung der Feiertage unerläßlich war. Diese Boten vermochten aber nur das Land Israel selbst so rechtzeitig zu durchqueren, daß sie noch vor den Festtagen an Ort und Stelle eintrafen. Die in der Diaspora lebenden Juden erhielten dagegen keine Bestätigung und begingen jeden Festtag an je zwei aufeinanderfolgenden Tagen, um sicherzugehen, daß einer von ihnen der richtige sei.«[58]

Diese Praxis konnte naturgemäß nicht beibehalten werden, namentlich in der über die Erde ausgebreiteten Diaspora nicht. Es war eine Neuregelung nötig. Sie erfolgte durch Einführung eines regulären Kalenders. Richtungweisend war hierbei die durch den Patriarchen Hillel II. vollzogene Problemlösung, der im Jahre 344 den konstanten Kalender entwarf, der seit dem Mittelalter Verwendung findet. Durch eine Zuordnung von Sonnen- und Mondjahren erzielte man eine Ordnung, nach der die einzelnen Feste jeweils in die gleiche Jahreszeit fallen. Anzumerken ist, dass im Laufe seiner langen Geschichte auch am jüdischen

Kalender mancherlei Korrekturen vorzunehmen waren und dass einzelne Daten zur Zeitbestimmung herangezogen wurden, wie zum Beispiel die Regierungszeiten der jüdisch-hebräischen Könige in der biblischen Zeit.

JÜDISCHE FESTE

Zum Wesensbestand jedes religiösen Lebens gehört die Heiligung der Zeit. Es geht darum, dass sich die Menschen der Gottesnähe versichern und dies in wiederkehrenden rituellen Vollzügen darstellen. Kein Jude muss – spirituell-kultisch gesehen – für sich allein leben. Immer ist er eingebunden in die Gemeinschaft derer, die einen jahrtausendelangen Gang durch die Geschichte getan haben. Als »wanderndes Gottesvolk«, als das sich auch noch die Christenheit versteht, hat das Judentum Höhen der Gottesoffenbarung, aber auch Tiefen der Leidenserfahrung und der tödlichen Bedrohung durchschritten. Diese Geschichte wird Mal um Mal in den Festen vergegenwärtigt. Auf diese Weise ist der Einzelne mit dem Schicksal und der Führung verbunden, die seine frühesten Vorfahren erlebt haben. Der Blick zurück wird durch den Ausblick ergänzt, den die prophetischen Verheißungen vermitteln. Sie richten sich auf den kommenden Gesalbten, den Messias, und auf die ersehnte Heilszeit am Ende der Tage, wenn Entfremdung und Gericht überstanden sind.

Anlass zur Feier ist zunächst Woche um Woche der *Sabbat* (hebr. *Schabbat*, »ruhen«). Er leitet sich vom Schöpfer-Gott ab, der am Ende seines Sechs-Tage-Werkes einen Tag der Ruhe eingelegt hat: »Denn in sechs Tagen hat der Herr Himmel und Erde gemacht und das Meer und alles, was darinnen ist, und ruhte am siebenten Tage. Darum segnete der Herr den Sabbattag und heiligte ihn« (Ex. 20, 11).

»Ruhen« bedeutet hier den strikten Verzicht auf jede Art von Arbeit, auch auf solche im Haus und im privaten Bereich. Es gilt, der Alltagsroutine zu entkommen und sich in besonderer Weise auf das Leben im Angesicht Gottes zu besinnen. Und weil – ebenfalls nach biblischer Vorgabe – »aus Abend und Morgen« ein neuer Tag beginnt, nimmt der Sabbat am Freitagabend bei Einbruch der Dämmerung seinen Anfang und endet am Samstag ebenfalls gegen Abend. Die jüdische Familie richtet ihr Leben so ein, dass etwa der Vater mit dem Sohn zum Sabbatgebet die Synagoge aufsucht, während die Mutter, eventuell unterstützt von der Tochter, das Abendessen vorbereitet. Vielleicht sind es »gefillte Fisch« und was dazu gehört, auch die Speisen für den (arbeitsfreien) folgenden Tag stehen schon fertig bereit. Der Tisch wird für die Familie festlich gedeckt. Vor dem Platz des Vaters steht der mit Wein gefüllte Becher, Brot liegt daneben. Das Familienoberhaupt segnet die Seinen, insbesondere seine Frau. Das geschieht mit Worten aus den Sprüchen Salomonis 31, 10 ff: »Wem ein tugendsam Weib beschert ist, die ist viel edler denn die köstlichsten Perlen ... Lieblich und schön sein ist nichts; ein Weib, das den Herrn fürchtet, soll man loben. Sie wird gerühmt werden von den Früchten ihrer Hände, und ihre Werke werden sie loben in den Toren.« Die Mutter spricht den Segen über die Kinder.

Doch ehe beim Vater beginnend der Becher die Runde macht und jeder ein Stück Brot – ebenfalls nach Worten der Segnung – erhält, entzündet die Frau das Sabbatlicht, den siebenarmigen Leuchter. Denn erst wenn das Sabbatlicht aufleuchtet, kehrt die Sabbatruhe und die Sabbatfreude ein. Und wenn Hölderlin in seinem Gedicht »Brot und Wein« von der »Freude des Weins« spricht, so ist der Wein auch bei diesem Festmahl ein Ausdruck der »Freude am Herrn«. Das mehr oder weniger üppige Festessen des

Sabbats kann beginnen. – Anzumerken ist noch, dass der jüdische Festkalender verschiedene Sabbattage kennt, je nachdem sie einem bestimmten großen Fest zugeordnet sind.

Für den mystisch gestimmten Juden hat der Sabbat noch eine besondere Bedeutung. Sie klingt in den Versen der Sabbathymne an, die dem berühmten Kabbalisten Rabbi Isaak Lurja (16. Jahrhundert) zugeschrieben wird, und von der Gershom Scholem sagt, dass diese Dichtung zum festen Bestandteil des kabbalistischen Sabbatrituals gehöre, insofern sie dem esoterischen Charakter des Sabbats entspricht. Der Tag wird wie ein hoher Gast, wie eine geliebte Braut begrüßt und empfangen. Und die ihr zugesprochenen Worte beziehen Mann und Frau auf ihr eigenes eheliches Vereintsein als Sabbatbraut und -bräutigam in hochzeitlicher Gesinnung. Esoterisches Wissen vorausgesetzt, tun sie es zugleich im Bewusstsein, selbst im Mittelpunkt eines größeren, sie umgreifenden Mysteriums zu stehen. Die folgenden Zeilen sind voller Anspielungen auf kabbalistische Vorstellungen, z. B. solche des Sefirot-Baumes, und auf mystisch gedeutete Bibelverse:

»Ich singe in Hymnen vom Gang zu den Toren
des Feldes der Äpfel, die heilig sind.
Wir rüsten ihr jetzt einen neuen Tisch,
einen schönen Leuchter, der zu Häupten uns strahle.
Zwischen rechts und links kommt die Braut daher
im heiligen Schmucke und Festgewändern.
Ihr Gatte umarmt sie in ihrem Grunde (Jesod),
schenkt ihr Erfüllung, preßt aus alle Kräfte.
Qualen und Schreie sind aufgehoben.
Hier sind neue Gesichter und Seelen und Geister.
Er bringt ihr Freude in zweifachem Maß,
Lichter erstrahlen und Segensströme.
Brautführer, tretet hin und rüstet die Braut,
vielartige Speisen und allerlei Fische.
Seelen zu zeugen und neue Geister

auf den zweiunddreißig (Sefirot-)Pfaden und drei Zweigen.
Sie hat siebzig Kronen, aber über ihr der König,
dass alles gekrönt sei im Heiligen der Heiligen.
In ihr sind alle Welten geformt und verschlossen,
doch vom ›Alten der Tage‹ her strahlen sie alle ...«[59]

Zum Fest, das die Woche krönt, treten die übrigen ausgesonderten Zeiten hinzu. Das säkulare Jahr erhält auf diese Weise durch das »heilige Jahr« je eine besondere Prägung. Die Christenheit kennt das Kirchenjahr mit seinen Festen, in denen der Weg Christi von seiner Ankündigung, seiner Geburt, seiner Passion, bis hin zur Auferstehung, Himmelfahrt und Wiederkunft am Jüngsten Tag durch Bibellesung und Gebet, also gottesdienstlich, begangen wird. Der jüdische Festkalender basiert in der Hauptsache auf den in der Heiligen Schrift berichteten Ereignissen, die das Bundesvolk mit seinem Gott erlebt hat. Es geht somit darum, das Handeln Gottes in der Geschichte wahrzunehmen und die wesentlichen Begebenheiten Jahr für Jahr dem Bewusstsein aller einzuprägen, von Generation zu Generation. Den Festzeiten stellt man Abschnitte des Fastens und der Buße gegenüber. Sie erinnern an die dunklen Zeiten des alten Israel, auch an die Bedürftigkeit eines jeden Menschen, sich selbst einen Spiegel vorzuhalten und die Umkehr zu vollziehen.

Das Jahr beginnt im September bzw. Oktober mit dem *Rosch ha-Schanah* am ersten Tag des Monats Tischri. Es ist das jüdische Neujahrsfest, das zugleich auf den Anfang der Schöpfung bezogen ist. Man feiert aber auch, um auf den »Jüngsten Tag« zu verweisen, an dem die ganze Menschheit gerichtet wird. Daher bezeichnet man ihn auch Yom ha-Din (Tag des Gerichts). Es erschallt das Schofar, ein Widderhorn, das alles andere als melodisch klingt, geht es doch darum, was Moses Maimonides wie folgt erläutert:

»Erwacht, ihr Schläfer, aus eurem Schlaf! Und ihr, die ihr dumpf und verblendet dahinlebt, rafft euch auf aus eurem Stumpfsinn! Geht in euch wegen eurer Taten, tut Buße, kehrt reumütig um! Gedenket eures Schöpfers! Seid nicht wie die, die die Wahrheit vergessen über ihrem Jagen nach Schatten, Hirngespinsten, Trugbildern und das ganze Jahr hindurch ihre Zeit mit Nichtigkeiten vertun, aus denen ihnen weder Hilfe noch Erlösung kommt. Schauet in eure Seelen und bessert euren Wandel, euer Tun! Entschlagt euch eurer Laster und unnützen Gedanken!«[60]

So gilt es an diesem und den folgenden Tagen, gute Vorsätze zu fassen und mit einem neuen Leben zu beginnen. Daher ist der Tag nach Rosch ha-Schanah ein Tag des Fastens und der Reue. Die Gottesdienste und Gebete, die diesem Tag gewidmet sind, rühmen die Majestät und das Königtum Gottes. Sie erinnern an die Güte Gottes, die er den Seinen zuwendet. Zur Rosch-ha-Schanah-Liturgie gehört die Litanei, in der es heißt:

»Unser Vater, unser König: wir haben
gesündigt vor dir.
Unser Vater, unser König: es gibt für uns
keinen König außer dir.
Unser Vater, unser König: tue mit uns
um deines Namens willen ...
Unser Vater, unser König: um deinetwillen
erbarme dich über uns.«

Man wünscht sich: »Zu einem guten Jahr möget ihr eingeschrieben werden!« Hier besteht die Vorstellung von einem Buch, in das die Namen der Gerechten eingeschrieben werden. Daneben gibt es ein Buch für die Bösen, ein weiteres für jene, die zwischen Gut und Böse schwanken und denen bis zum nahen Fest des Yom ha-Kippurim eine Zeit der Buße, d. h. der

Besserung gelassen wird. Alle diese drei Bücher werden an diesem Tag geöffnet. Der Mensch soll selbstkritisch in sich gehen; er kann sich entscheiden.

Yom ha-Kippurim, der Versöhnungstag, am 10. Tischri, in der Geschichte des modernen Israel durch den schicksalhaften Yom-Kippur-Krieg (vom 6. bis 24. Oktober 1973) in ganz besonderer Weise ins Gedächtnis geschrieben, gehört zu den großen Festtagen. Vorausgegangen sind Tage des Fastens, die beim Gottesvolk eine vollständige Reinigung von seinen Sünden und Gesetzesübertretungen bewirken sollen. In der Zeit des alten Tempels waren die großen Sühneopfer zu vollbringen. Der Hohepriester hatte für sich und sein Haus einen Stier zu opfern. Zwei Böcke standen zur Sühne für das Volk bereit; der eine wurde im Tempel getötet, der andere mit der Sünde des Volks beladen und in die Wüste geschickt. Der Versöhnung teilhaftig aber wird nur, wer selbst die Umwendung vollzieht und Reue zeigt.

Der Strenge des Yom Kippur folgt fünf Tage später das *Laubhüttenfest* (*Sukkot*, Einzahl: *Sukka*, »Laubhütte«), zwischen dem 15. und 22. Tischri. Es liegt in der Zeit der Obsternte und Weinlese und ist somit durch Freude bestimmt. Wieder ist ein Gebot der Erinnerung ausgesprochen, festgehalten im Buch Leviticus (3. Mose 23, 42 f.) mit den Worten: »In Hütten [Zelten] sollt ihr sieben Tage lang wohnen, damit eure Geschlechter [Nachkommen] wissen, daß ich die Kinder Israels in Hütten wohnen ließ, als ich sie aus dem Lande Ägypten führte.« Das Fest bezieht sich somit auf die Zeit der Wüstenwanderung und auf Gottes gnädige Bewahrung.

Die Lesungen dieser Tage bezeugen die Huld und Gnade, die Gott Mal um Mal seinem Volk einst wie heute zuteil werden lässt. Die Erinnernden leisten ihren Anteil mit symbolischen Taten. Sie bauen in Eigenarbeit aus Baumzweigen und Blumen solche Laubhütten, um – je nach den individuellen und familiären Lebensumständen – darin zu wohnen. Nun regen die einzelnen Feste die Nachgeborenen dazu an, über die Gegenwarts- und Zukunftsbedeutung der einzelnen spirituellen Festinhalte nachzudenken. Leo Trepp bemerkt zur Bedeutung des Laubhüttenfestes: »Die Laubhütte wird zum Inbild der höchsten Hoffnung der Menschheit und ihrem Vertrauen zu Gott, der jene Zeit der Zukunft erwirkt ... Zwei Gedankengänge verknüpfen sich mithin in der Lehre des Sukkoth. Wir Heutigen erkennen, wie eng sie zusammengehören. Einstmals war die Natur des Menschen ärgster Feind. Sie konnte ihm das Lebensnotwendigste vorenthalten ... Heutzutage ist die Menschheit in erheblichem Ausmaße der Natur Herr geworden ... Die Technik stellte ihr dazu die Mittel bereit. Allein, eine neuartige Gefahr erwuchs ihr gerade aus ihrem technischen Fortschritt. Diese Gefahr ist der Mensch selbst ... Das Laubhüttenfest ist mehr als nur Danksagung für reiche Ernte. Es lehrt, stark zu sein, spricht Hoffnung zu, entwirft ein Bild der Zukunft und weist den Weg dahin. Allumfassend schließt es die gesamte Menschheit in eine Zukunft, wonach sie zu streben habe, im Angesicht Gottes ein. Die Hoffnung der Menschheit muß der Jude kraft seiner unerschütterlichen Geduld durch alle seine Wanderungen im Lauf der Geschichte aufrechterhalten.«[61] Diese Gedanken, richten sich nicht nur an den Einzelnen. Eine Laubhütte ist ja für mehrere Personen gedacht, für die Familie und für hinzukommende Gäste, die an dem gemeinsamen Leben teilnehmen sollen. Seit dem 16. Jahrhundert kennt man die mystisch-kabbalistische Tradition, an den einzelnen Tagen der Sukkot je eine der großen biblischen Gestalten einzuladen, etwa Abraham, Isaak, Jakob Mose, Aaron und Josef. So genießen die Väter und Brüder der oberen Schar unter den Feiernden Gastrecht. Von ihrer Anwesenheit geht ein Segen aus.

Nach dem Bericht aus dem I. Buch der Makkabäer, Kapitel 4, 36–59, war es Judas Makkabäus, der den von dem heidnischen Syrerkönig Antiochus IV. mit dem Beinamen »Epiphanes« (174–164 v.Chr.) entweihten Tempel von neuem weihte. Er entfernte den heidnischen Altar, der den griechischen Göttern errichtet war, und ersetzte ihn durch einen neuen Brandopferaltar. So geschehen im Dezember 165 v. Chr. Dieses Fest der Lichter, wie es schon der jüdische Geschichtsschreiber des 1. Jahrhunderts Josephus Flavius benannte, erinnert daran. Es ist das Fest *Chanukka* (Einweihung). Es beginnt mit dem 25. Kislew zur Zeit der Wintersonnenwende, also nahezu parallel zur christlichen Weihnacht, mit der es natürlich nicht zu verwechseln ist. Aber die Aufstellung von Lichtern, speziell des acht- bzw. neunarmigen Chanukka-Leuchters, eröffnet die achttägige Festzeit. Gemäß der so genannten Chanukka-Legende soll diese Menora acht Tage lang brennen. Dabei ist Chanukka nicht biblischen Ursprungs. Es gehört zu den Festen zweiter Ordnung, weshalb in diesen Tagen gearbeitet werden darf.

Das der Herkunft seines Namens nach unbekannte *Purim-Fest*, nach einem Fastentag am 14. Adar begangen, ist ein Beispiel dafür, dass die Frömmigkeit und Gesetzesstrenge immer wieder durch freudige Ausgelassenheit gemildert werden sollte. Purim steht in Erinnerung an die Freude persischer Juden, die der Verfolgung durch Haman, einen Günstling des Perserkönigs Xerxes, entronnen waren. Es fällt in die kirchliche Fastenzeit. Von daher mag es sich erklären, dass Faschingsgebräuche aufgenommen wurden. Man beschenkt sich, man scherzt und maskiert sich. Selbst Faschingsumzüge sind in der Neuzeit in Mode gekommen. Und weil bei jener Errettung Esther, also eine Frau, in der Weise zur Errettung ihres Volks beitrug, wie es im Buche Esther berichtet wird, ist an diesem Tag Frauen erlaubt, die synagogalen Lesungen vorzunehmen.

Wie kein anderes der jüdischen Hauptfeste erinnert *Pessach* (oder Passah) an das Ende und den Auszug der Kinder Israels aus der ägyptischen Knechtschaft. Es ist das Fest der ungesäuerten Brote, die man als Fladen allein aus Wasser und Mehl ohne Hinzufügung von Salz oder von Gewürzen herstellt. Dieses Brot drückt einerseits die Dürftigkeit derer aus, die unter der Last der Knechtschaft gerade das zu essen haben, das das Mindeste an Nahrung darstellt: Wasser und Brot. Andererseits verweist er auf Menschen, die im Aufbruch befindlich sind und die aus Existenznot keine Zeit mehr haben, in der üblichen Weise, eben mit Sauerteig, Brot zu backen.

Begangen wird Pessach vom 14. bis 21. Nissan, wobei der erste und der siebente Tag je einen Höhepunkt der Feier darstellen. Im Mittelpunkt der Lesungen bzw. der Erzählungen im Kreis der feiernden Familie steht die Geschichte vom Auszug, den die so genannten zehn ägyptischen Plagen vorbereitet haben, mit denen der Gott als Herr der Geschichte die Machthaber schlug. Gedacht wird des Pessachlammes (*pasach*, »springen«, die »springenden« Lämmer), dessen Blut die Israeliten in der Nacht vor dem Aufbruch an die Türpfosten zu streichen hatten, damit der strafende Würge-Engel an ihren Türen vorbeiginge, während er in den Häusern der Frondienst verlangenden Ägypter die Erstgeburt tötete und so den befreienden Auszug erzwang. Man begeht den Sederabend, wobei unter »Seder« die fünfzehnteilige Ordnung verstanden wird, nach der man seit alters Pessach feiert. Drei Mazzen (ungesäuerte Brote) liegen auf dem Tisch. Sie beziehen sich darauf, dass die drei Stände: Priester, Leviten und das Volk der Israeliten, von dem Ereignis der göttlichen Schicksalsfügung betroffen waren. Ein mit wenig Fleisch überzogener Knochen erinnert an das Pessachlamm, die Speise der zum Aufbruch Gerüsteten. Die Bitterkräuter beziehen sich auf die Bitternis dessen, was zu überstehen war. Diese und andere symbolhaltige Zeichen geben dem Geschehen Sinn. Aber auch hier ist der Blick nicht nur zurückgewandt auf Gewesenes, das sich freilich unablöslich mit Israel verbunden hat. Man blickt auch auf die künftige Zeit und harrt der ersehnten endgültigen Erlösung. Denn zwar erreichte Israel einst »das heilige Land«. Aber daraus wurde es vertrieben. Das Exil *(Galut)*, das Leben in der Zerstreuung (griech. *Diaspora*), dauert an. Durch die Begründung des politischen Gemeinwesens Erez Israel ist sie in ihrem Grunde noch nicht beseitigt. Daher gedenkt man des Propheten Elia, des gen Himmel Gefahrenen. Er ist eine Hoffnungsgestalt, ein Repräsentant der Dinge, die erst noch kommen sollen. Deshalb ist dem Elia ein Stuhl freigehalten und ein Becher voll Wein eingeschenkt. Somit gehört Elia in die Mitte der Feiernden. Das Festmahl als solches ist seinem Anlass und seiner zentralen Bedeutung wegen aufwändig. Daran lässt man auch andere teilhaben, die man zur Feier einlädt.

Schließlich sei noch das *Wochenfest* (*Schavu'ot*, »Wochen«) aufgeführt, das sieben Wochen nach Pessach folgt. Es kann als das jüdische Pfingstfest (griech. *pentekoste;* 7 mal 7 bzw. 50 Tage nach Pessach bzw. nach Ostern) angesehen werden. Man begeht es am 6. Sivan, ursprünglich stand es im Zusammenhang mit dem Ende der Gerstenernte und dem Beginn der Weizenernte. So wie es dem frommen Juden geboten war, die Erstlinge seiner Tiere im Tempel zu opfern, so gehören auch die Erstlinge des Feldes in die Hand dessen, der sie den Menschen beschert. Die Thora-Lesung ist den Zehn Geboten gewidmet und das Wochenfest als solches wird mit der Übergabe der Sinai-Offenbarung in Zusammenhang gebracht, bei der Moses aus der Hand Gottes die beiden Gesetzestafeln empfing. Diese Gaben der göttlichen Weisung spiegeln sich kalendarisch darin, dass man im Mittelalter und später damit begann, die Kinder an den Schavu'ot in die hebräische Schule zu schicken bzw. – seit dem 19. Jahrhundert in den Reformgemeinden – die Bar-Mizwa-Feiern als Feiern der Konfirmation, d. h. der Festigung im überkommenen Glauben, zu veranstalten.

MESSIASERWARTUNG

Judentum und Christentum sprechen je in einer besonderen Weise vom Messias (hebr. *Maschiach*, »Gesalbter«; griech. *Christos*). Übereinstimmendes und auf eigentümliche Weise Trennendes treffen dabei aufeinander. Gesalbt wurden im alten Israel Könige, Richter und Propheten. Das hob sie nicht allein aus der Masse des Volkes heraus, sondern es zeichnete sie als diejenigen aus, die Gott der Herr in seinen Dienst gestellt und mit Vollmacht versehen hat. Damit müssen nicht immer nur die genannten und auserkorenen Amtsträger gemeint sein, denn selbst der persische König Kyros wird als »Maschiach« angesprochen, liest man doch beim Propheten Jesaja – es ist der Deutero-Jesaja – Kapitel 45, 1: »So spricht der Herr zu seinem Gesalbten, dem Kores, den ich bei der rechten Hand ergreife, daß ich die Heiden [Völker] vor ihm unterwerfe und den Königen das Schwert abgürte, auf daß vor ihm die Türen geöffnet werden und die Tore nicht verschlossen bleiben.« Als Herr der Geschichte bestellt der Gott des Volkes Israel selbst nicht jüdische Machthaber zur Erfüllung seines Willens und benennt sie gegebenenfalls mit derselben Bezeichnung, die auch hebräischen Königen, Richtern und Propheten, sodann dem zukünftigen »Menschensohn« vorbehalten zu sein scheint.

Dieser ist freilich ein Gesalbter von besonderer Prägung. Nach ihm hielt man Ausschau als nach dem Friedensfürsten, der am Ende der Tage – »wenn die Zeit erfüllt ist« – als ein aus dem Hause Davids stammender König im erneuerten Jerusalem Einzug halten und einen neuen Weltzustand herstellen werde. Irdische Reichserwartung und eschatologische Erfüllung, die Erlösung (*Tikkun*), erschienen aufs Engste miteinander verflochten. Kein Wunder, wenn in den Tagen des Urchristentums die Frage umlief, ob der Messias den Thron seines Ahnen David abermals besteigen werde. Naturgemäß bekam die messianische Erwartung durch die je besondere Schicksalslage der in der Diaspora (hebr. *Galut*, »Exil«, Deportation und Aufenthalt in der Fremde) befindlichen Hebräer. Es waren Zeiten äußerster Not und Bedrängnis, in denen sich die messianische Hoffnung bei den Juden belebte. Das war die Stunde der selbst ernannten Messiasgestalten.

Wichtige Hinweise auf den, der da kommen soll, finden sich bei den Propheten Jesaja (2, 2–4) und bei Micha (4, 1–59), die beide im 8. vorchristlichen Jahrhundert gewirkt haben. Bedeutsam ist hierbei, dass über die Judenheit hinausweisende, gesamtmenschheitliche, Frieden stiftende Aspekte in Erscheinung treten: »Es wird zur letzten Zeit (in der Späte der Tage) der Berg, da des Herrn Haus ist, feststehen, höher denn alle Berge, und über alle Hügel erhaben werden; und werden alle Heiden [Völker] dazulaufen und viele Völker hingehen und sagen: Kommt, laßt uns auf den Berg des Herrn gehen, zum Haus des Gottes Jakobs, daß er uns lehre seine Wege und wir wandeln auf seinen Steigen. Denn von Zion wird das Gesetz [Thora; die Weisung] ausgehen und des Herrn Wort von Jerusalem. Und er wird richten unter den Heiden und strafen viele Völker. Da werden sie ihre *Schwerter zu Pflugscharen* und ihre Spieße zu Sicheln machen. Denn es wird kein Volk wider das andere ein Schwert aufheben, und werden hinfort nicht mehr kriegen lernen.«

Texte wie diese haben sich in der jüngsten Vergangenheit bei all denen eingeprägt, die sich in der weltweiten Friedensbewegung, nicht zuletzt in der Christenheit, auf die alttestamentliche Prophetie besonnen haben. Daraus wird deutlich, welches überzeitliche spirituelle Potenzial im Judentum aufbewahrt ist, das in jeder Generation auch bei völlig veränderten Situationen von neuem in Kraft gesetzt werden kann. Dabei ist jedem deutlich, dass die ersehnte Heilszeit noch lange nicht da ist. Sie bedarf ohnehin der Vorbereitung durch diejenigen, die sie erwarten, die ihrer aber nicht untätig entgegenharren wollen. Dass man sich darauf in recht unterschiedlicher Weise »vorbereiten« kann, ergibt sich beispielsweise auch aus den im Zusammenhang mit der kabbalistischen Kawwana besprochenen Möglichkeiten. Sie besteht darin, in hingebungsvoller Haltung am Heilswirken Gottes mitzuwirken.

So ist es nötig, dass man sich schon in den Vorglanz der anbrechenden Zeit stellt, wie es die Propheten angezeigt haben: »Kommt nun, ihr vom Hause Jakobs, laßt uns wandeln im Lichte des Herrn!« (Jesaja 2, 5). Und woher dieser Herr kommen wird, wird ebenfalls angezeigt, und zwar unter Nennung des königlichen Namens David, des Sohns von Isai: »Und es wird eine Rute aufgehen von dem Stamm Isais ..., auf welchem wird ruhen der Geist des Herrn, der Geist der Weisheit und des Verstandes, der Geist des Rates und der Stärke, der Geist der Erkenntnis und der Furcht des Herrn« (Jesaja 11, 1 f.). Die Veränderung, die dann eintreten wird, soll sich auch auf das religiöse Leben auswirken. Ging es bislang darum, Gott durch Brandopfer, also durch kultische Vollzüge aller Art, zu versöhnen, so ist von nun an eine Spiritualisierung und Konkretisierung der Frömmigkeit das Gebot der Stunde. Der Prophet Micha (6,6–8) spricht davon: »Womit soll ich den Herrn versöhnen ... Soll ich mit Brandopfern ihn versöhnen? ... [Nein,] es ist dir gesagt, Mensch, was gut ist, und was der Herr von dir fordert, nämlich Gottes Wort halten und Liebe üben und demütig sein vor deinem Gott.« An die

Stelle des überkommenen Tempelkultus, durch den sich die Menschen von ihren ethischen Verpflichtungen paradoxerweise loszukaufen trachten, soll also ein neuer Lebenswandel treten, der die ganze Person erfasst und der durch keine von der Lebensganzheit abgelöste »Religiosität« zu ersetzen ist. Hier liegt eine Forderung, die auch andere hebräische Propheten immer wieder thematisieren.

Die Tatsache, dass schon die erste (Juden-)Christenheit diese messianischen Voraussagen auf Jesus anwandte, stellte für die im alten Gottesbund verbleibenden Juden eine Herausforderung sondergleichen dar. Daher war eine deutliche Grenzziehung erforderlich, wodurch Juden und Christen sich frühzeitig voneinander entfernten. Es war im Übrigen nicht von der Hand zu weisen, dass der Nazarener selbst vom Messiasbewusstsein tangiert war – eine Deutung, die auch von jüdischer Seite bejaht werden kann.[62]

Zum einen hatte Israel Anlass, sich von denen zu distanzieren, die in dem Davidssohn Jesus von Nazareth den bereits gekommenen Messias (Christus) erblickten, indem sie die Weissagungen der alttestamentlichen Propheten auf den Nazarener anwandten und ihn im Laufe der kirchlichen Dogmenbildung gar als »Sohn Gottes« deklarierten und zur zweiten Person in der Trinität erhoben. Zum anderen traten nach der »Christuserscheinung« eine Anzahl weiterer Messias-Prätendenten auf den Plan: zum Beispiel im 2. Jahrhundert der bereits erwähnte »Sternensohn« Bar-Kochba; im 17. Jahrhundert der als Pseudo-Messias bezeichnete Sabbatai Zwi[63], im 18. Jahrhundert Jakob Frank. Insbesondere die neuzeitlichen Messiasgestalten stellten die Judenheit vor beträchtliche religiöse und gemeinschaftliche Probleme. Auch von ihren »Erlösern« musste sich die Judenheit befreien.

Eine der Fragen, um die es ging, ließ sich mit Worten Johannes des Täufers (Matth. 11,3) beantworten, die er an Jesus als den erhofften Messias gerichtet hat: »Bist du es, der da kommen soll, oder sollen wir auf einen anderen warten?« Was beispielsweise Bar-Kochba anlangt, so erblickte selbst ein so prominenter Talmudgelehrter wie Akiba ben Joseph (ca. 50–135) in dem Führer des großen antirömischen Aufstandes den geweissagten Maschiach; und er hielt den Anbruch der Heilszeit bereits für gekommen. Der in mehrfacher Hinsicht beeindruckende Sabbatai Zwi vermochte große Teile der jüdischen Gemeinden auf seine Seite zu bringen, obwohl eine von ihm teilweise aus der Kabbala abgeleitete Sexualmystik und die damit zusammenhängenden orgiastischen Praktiken im Widerspruch zu orthodoxen jüdischen Vorstellungen stehen.[64] Keine Ausschweifung schien tabu zu sein, weil in der messianischen Zeit alle Gebote aufgehoben und jede Sünde unmöglich geworden sei. Dazu kommt noch, dass der vermeintliche Messias zum Islam konvertierte, ohne dass sich die fanatisierten Anhänger von Sabbatai distanzierten.

Gershom Scholem, der sich wiederholt diesem delikaten Thema gewidmet hat, weist auf den großen Preis hin, den das jüdische Volk für die wiederholte Aktualisierung der messianischen Idee zu bezahlen hatte:

> »Die Größe der messianischen Idee entspricht der unendlichen Schwäche der jüdischen Geschichte, die im Exil zum Einsatz auf der geschichtlichen Ebene nicht bereit war ... Denn die messianische Idee ist nicht nur Trost und Hoffnung. In jedem Versuch ihres Vollzuges brechen die Abgründe auf, die jede ihrer Gestalten ad absurdum führen. In der Hoffnung leben ist etwa Großes, aber es ist auch etwas tief Unwirkliches. Es entwertet das Eigengewicht der Person, die sich nie erfüllen kann, weil das Unvollendete an ihren Unternehmungen gerade das entwertet, was ihren zentralen Wert betrifft.«[65]

So gesehen ist es für den thoratreuen Juden eine Unmöglichkeit, in dem Juden Jesus (Jehoschua ben Joseph) einen anderen oder mehr als einen Propheten zu sehen, zumal die Nachfolger dieses Jesus Christus in dessen Namen zwei Jahrtausende lang schlimmste Verbrechen an den Kindern Israels verübt haben. Zwar gehört Jesus auch nach jüdischer Überzeugung in die Glaubensgeschichte des alten Gottesvolkes hinein, aber als *der* Messias, geschweige denn als »Sohn Gottes« im Sinne des christlichen Trinitätsdogmas, steht der Jude aus Nazareth nicht zur Diskussion. Er selbst hat nach der Bibel Israels gelebt und geglaubt. So kann es kaum erstaunen, dass der Christus-Titel im Neuen Testament zwar mehr als 500-mal vorkommt, in den Evangelien ihm jedoch ganz selten zugesprochen wird. Es bleibt also offen, inwieweit er sich der Messianität überhaupt bewusst war, die ihm durch die Urgemeinde beigelegt wurde.[66]

Das Judentum hatte nach alledem seine messianische Idee im Gegenüber zur Christenheit neu zu fassen. Dazu wurden viele Anstöße gegeben. Sie reichen bis hin zu den Beiträgen verschiedener jüdischer Theologen und Historiker, die sich der modernen Leben-Jesu-Forschung gewidmet haben. Eine Voraussetzung dafür schuf bereits Moses Mendelsohn, der im Geist der Aufklärung das jüdische Bewusstsein stärkte. Zu den neueren Vertretern, die von der Wissenschaft des Judentums herkommend ihr Augenmerk auf Jesus richteten, gehören Abraham Geiger (1810–1874) und Heinrich Graetz (1817–1891). Dieser verglich den Nazarener mit Hillel, also mit einem der großen Gesetzeslehrer der Antike. »Schon Maimonides und Jehuda Hallevi hatten festgestellt, Christentum und Islam seien in die Welt gekommen, um den Weg für das kommende messianische Reich zu bereiten.«[67]

Josef Klausner (1874–1958), der des Weiteren in diesem Zusammenhang neben anderen zu nennen ist[68], stimmte dem evangelischen Theologen Julius

Wellhausen (1844–1918) zu, der den Satz prägte: »Jesus war kein Christ, sondern ein Jude.« Daran knüpfte Klausner den Hinweis, dass das Christentum zwar die Frucht einer Verbindung von jüdischer Religion mit griechischer Philosophie sei und ohne die Kenntnis der jüdisch-griechischen (alexandrinischen) Literatur und der zeitgenössischen griechisch-römischen Kultur nicht verstanden werden könne. Aber – und dies hebt Klausner eigens hervor – : »Jesus von Nazareth war allein das Produkt Palästinas und des reinen, unvermischten, von keinerlei fremdem Einfluss berührten Judentums ... Seine Lehre läßt sich durch das biblische und pharisäische Judentum seiner Zeit vollkommen erklären.«[69] Die Ergänzungsbedürftigkeit dieser Behauptung wäre – um die Besonderheit des Nazareners kenntlich zu machen – freilich gesondert zu diskutieren. Immerhin wird das Buch von Josef Klausner über »Jesus von Nazareth« (erstveröffentlicht 1907) als »das klassische Werk zur jüdischen Leben-Jesu-Forschung«[70] bezeichnet. Demnach wurde – was kaum zu bestreiten sein dürfte – das Christentum in der Mitte Israels geboren, aber Israel hat die Botschaft des Nazareners bzw. seiner Anhänger »mit aller Macht zurückgestoßen«.

Was die Einstellung zum Messianismus anlangt, so ist da zunächst das Votum des Mose Maimonides (in: Mischneh Thora XI, XII) zur Kenntnis zu nehmen, der auf die Fragen seiner Gemeinde antwortet und allzu kühne Erwartungen mäßigt:

> »Die Welt wird [im Zeitalter des Messias] nicht ihre gewohnte Ordnung ändern, doch Israel wird in Sicherheit leben, und die Menschheit wird erkennen, daß der wahre Glaube sie abhalten wird, Krieg zu führen und Zerstörung über die Länder zu bringen. Israel wird zwar nicht über die übrige Menschheit herrschen und erhöht sein, aber es wird ungestört die Thora befolgen, studieren und deren Mizwoth [die religiösen Pflichten] erfüllen können. In der

Welt wird es keinerlei Kriege mehr geben. Die ganze Menschheit wird in Frieden und Wohlstand leben, und alle werden nach jenem Wissen streben, das nur Gott schenken kann.«[71]

Seit dem Mittelalter sind allerlei Wandlungen in der Einschätzung des Messianismus eingetreten, bis hin zur Aufgabe der Idee als solcher. Der Philosoph Hermann Cohen (1842–1918) hat zwar für sich auf den persönlichen Messiasglauben verzichtet, jedoch in diesem Glauben hat er die mächtigste Triebfeder der Geschichte gesehen, die die Juden zur Zukunftsvision der Menschheit beizutragen hatten: »Die Zukunft, welche die Propheten im Symbol des Messias vorzeichnen, ist die *Zukunft der Weltgeschichte*. Sie ist das Ziel, sie ist der Sinn der Geschichte ... Das Reich des Messias, das ist das Gottesreich. Nicht ein persönlicher Herrscher ist der Messias in jener Zukunft, nicht ein Heros, aber der Geist Gottes ruht auf ihm, und er bringt den Völkern das Recht.«[72]

Während die jüdische Orthodoxie die äußerste Gegenposition einnimmt, indem sie an der buchstäblichen Erfüllung der Weissagungen festhält und im zukünftigen Messias einen realen Menschen erblickt, ist die Anschauung anderer jüdischer Richtungen differenziert. Hier sei nur an Martin Buber (1878–1965) erinnert, der unter Hinweis auf sein jahrzehntelanges Studium des Neuen Testaments den Anspruch erhoben hat, den Sohn der Maria (Miriam) als »Bruder Jesus«[73] gleichsam »von innen her«, eben als Jude, zu verstehen. Er berichtet:

»Jesus habe ich von Jugend auf als meinen großen Bruder empfunden. Daß die Christenheit ihn als Gott und Erlöser angesehen hat und ansieht, ist mir immer als eine Tatsache von höchstem Ernst erschienen, die ich um seinet- und um meinetwillen zu begreifen suchen muß ... Mein eigenes brüderlich aufgeschlossenes Verhältnis zu ihm ist immer

> stärker und reiner geworden, und ich sehe ihn heute mit stärkerem und reinerem Blick als je. Gewisser als je ist es mir, daß ihm ein großer Platz in der Glaubensgeschichte Israels zukommt.«[74]

Doch die Hochschätzung, die Buber seit langem in Kirche und christlicher Theologie genießt, kann nicht darüber hinwegtäuschen, dass der Träger des Friedenspreises des Deutschen Buchhandels von 1953 und anderer hoher kultureller Auszeichnungen nicht gerade als ein Brückenbauer zum Christentum hin gedeutet werden darf. Obwohl der jüdischen Orthodoxie und der Synagoge entfremdet, hat sich Buber stets als »Erzjude« verstanden. So sehr er beispielsweise die kirchliche Judenmission abgelehnt hat, so wenig ist er bereit gewesen, sich in irgendeiner Weise theologisch vereinnahmen zu lassen.

Schalom Ben-Chorin, der in wesentlichen Fragen des jüdisch-christlichen Disputs seinem Lehrer Buber gefolgt ist[75], rühmt in seinen eigenen Darstellungen den »großen Glaubenszeugen« Jesus, in dessen Nachfolge er sich gestellt sah, jedoch mit derselben deutlichen Unterscheidung. Unbestritten ist der Nazarener auch für ihn der große Lehrer, der Bruder im Geist, nicht aber der Christus, wie ihn etwa Paulus vor Damaskus oder Johannes auf der Insel Patmos erlebt hat. Daher kann er für ihn auch nicht Gottes Sohn sein. Es ist eher der vorpaulinische Jesus, wie er am eindrücklichsten noch im Matthäusevangelium oder bei Markus sichtbar wird. Es ist der Jude, der wie ungezählte andere schuldlos gelitten und zu einem Prototyp jüdischer Existenz geworden ist. Als der Logos, das göttliche Wort, von dem das Johannesevangelium Zeugnis ablegt, kann derselbe Jesus ebenso wenig sein wie der über alle Welt entrückte Pantokrator der ostkirchlichen Theologie. D. h., er ist für ihn im Vollsinn des Wortes »wahrer Mensch«, in keiner Hinsicht aber »wahrer Gott«:

»Der Glaube Jesu einigt uns, aber der Glaube *an* Jesus trennt uns ... Das Verhältnis des jüdischen Menschen zu Jesus muß wesensmäßig ein anderes sein als das des Christen aus den Völkern. Jesus tritt *uns* in einer unmittelbaren Nähe gegenüber, die freilich erst erkannt werden kann, wenn wir die Züge des jüdischen Mannes aus Nazareth von der Übermalung der christlichen Ikonologie gereinigt haben. Schicht um Schicht, die die Kirchengeschichte hier hinterlassen hat, muss abgehoben werden, damit man zum ursprünglichen Antlitz Jesu vordringt ...«[76]

ANTIJUDAISMUS UND ANTISEMITISMUS

Die Gegnerschaft gegen das Judentum und gegen das Alte Testament hat eine mindestens zweitausendjährige Geschichte. Sie resultiert von Zeit zu Zeit aus verschiedenen Motiven, etwa aus religiös-theologischen, rassischen, gesellschaftlich-kulturellen und wirtschaftlichen Beweggründen. Der von dem Journalisten Wilhelm Marr (1819–1904) geprägte Begriff »Antisemitismus« ist vor dem Horizont einer ideologisch verbrämten Gegnerschaft zu verstehen und im Zusammenhang der jüdischen Emanzipation jener Jahre. Ursprünglich handelt es sich um einen Antijudaismus, der bereits im Neuen Testament an vielen Stellen in unsäglicher Weise zum Ausdruck kommt. Demnach sei der Vater der Juden nicht Abraham als »Vater des Glaubens«, sondern der Teufel (diabolos) als Inbegriff des Bösen und der Lüge.[77] Auch wenn dieser krasse Vorwurf auf die Haltung derer bezogen ist, die Jesus nach dem Leben trachteten und ungerechterweise beschuldigten, so musste gerade diese Jesus in den Mund gelegte, somit unhistorische Äußerung als »Wort Gottes« in verheerender Weise auf die Nachwelt wirken. (Vom historischen Jesus kann ein solches Wort jedenfalls nicht stammen!) Von daher wurden aber auch andere Aussagen interpretiert, bis hin zum Vorwurf, dass die Juden das Volk der »Christus-Mörder« seien. Und selbst wenn dieses Schimpfwort kirchlicherseits längst zurückgenommen wurde, so gibt es doch weiterhin eine Christologie, die in theologischen Nachschlagewerken und Lehrbüchern mit einer offenkundigen judenfeindlichen Note versehen ist. Sogar Übersetzungsmängel bzw. -fehler bestehen bisweilen unkorrigiert fort[78] und sorgen nolens volens dafür, dass selbst dort Antijüdisches weitertradiert wird, wo man sich erklärtermaßen um ein positives Verhältnis zu der hebräischen Überlieferung bemüht, in der der Jude Jesus von Nazareth selbst gelebt und gewirkt hat.

Hinzuweisen ist auf das eigentümlich widerspruchsvolle Verhältnis, in dem das Christentum der apostolischen Zeit zum Judentum steht. »Auf der einen Seite ist es ganz zweifellos nicht als Gegensatz gegen das Judentum entstanden, sondern hat nur, im Kern gut jüdisch, dessen Religion zur Vollendung führen wollen, nämlich als Erfüllung alter Verheißungen. So ist das Judentum der Grund, auf dem das Christentum erwachsen ist. Juden waren die ersten, die Jesus anhingen; Juden haben seine Botschaft in die weite Welt getragen; jüdische Synagogen waren die ersten Missionsstationen des Christentums im weiten Römischen Reich. Aber auf der anderen Seite ist schon bald der von der Christenheit bestehende Gegensatz gegen die Heiden nicht mehr so tief empfunden worden wie der gegen die Juden. Und wenn Tertullian um 200 n. Chr. gefragt wird, wo die Brunnenstuben der Verfolgung liegen, so weist er auf die jüdischen Synagogen hin. *Beide* Beziehungen zum Judentum sind für das Christentum wichtig geworden.«[79]

Vor allem haben sich die Nachfolger Jesu als Gemeinde des Christus als das »neue Israel« verstanden, das an die Stelle des »alten« zu treten habe. Und die kompromisslose Konversion, die jedoch jüdischerseits zur Enttäuschung der Christen meist unterblieb, schien das Gebot der Stunde zu sein. Zur Abwehr dieses Anspruchs blieben den Juden in der auf dem Weg zur Staatskirche befindlichen Christenheit keine machtvollen Gegenmittel, allenfalls die der offiziellen Brandmarkung der vom Gesetz Abgefallenen bzw. der Ketzer. Darunter waren Menschen zu verstehen, die einer Gemeinschaft unorthodox lebender Juden anhingen. So nahm man (gegen das Jahr 90 n. Chr.) ins obligatorische Achtzehnbittengebet die Fluchformel über die »Minim« (Ketzer bzw. Sektierer) auf. Die Gefolgsleute der Nazarener galten als solche Minim. Ihnen drohte der Ausschluss aus der Synagogengemeinschaft.[80]

Der Antijudaismus hat bereits während der ersten Jahrhunderte sehr verschiedene Facetten. Zu ihnen gehörte die veränderte Einstellung zum »Gesetz«, das bereits in den Briefen des Apostels Paulus – speziell im Brief an die Römer und an die Galater – nicht mehr als die göttliche Weisung betrachtet wird, sondern als eine von Christus überwundene Instanz. Auch sah sich Paulus veranlasst, all denen entgegenzutreten, die zum Beispiel in Galatien im Sinne einer Wiedereinführung der alten Normen tätig waren. Es handelte sich um so genannte Judaisten als Befürworter jüdischen Brauchtums, das auch für Getaufte weiterhin verpflichtend sei. Hingegen sei Christus infolge seines Leidens und Sterbens, aufgrund seiner Auferstehung und Erhöhung »des Gesetzes Ende«. Beide paulinischen Briefe stellen ein leidenschaftliches Plädoyer für die Freiheit des Christenmenschen dar: »So bestehet nun in der Freiheit, zu der uns Christus befreit hat, und laßt euch nicht wieder unter das knechtische Joch fangen« (Gal. 5, 1). Wer sich im Übrigen beschneiden lasse und seine Hoffnung auf die alten Ordnungen setze, für den habe die Heilstat Christi ihre Bedeutung verloren. Solche Menschen seien

»noch in ihren Sünden«. Das Erlösungswerk des Herrn sei gleichsam außer Kraft gesetzt. Und wer sich auf diese Weise in den alten Gottesbund aufnehmen lasse, der verpflichte sich gleichzeitig dazu, das ganze Gesetz mit allen seinen Bestimmungen und Normen zu erfüllen, die doch – wie Paulus nachweisen will – garnicht zu erfüllen seien: »Wir aber warten im Geist durch den Glauben der Gerechtigkeit, auf die man hoffen muß. Denn in Christo Jesu gilt weder Beschneidung noch unbeschnitten sein etwas, sondern der Glaube, der durch die Liebe tätig ist« (Gal. 5, 6).

Alles in allem stellt die paulinische Verkündigung mit ihrem entschiedenen Antilegalismus in jüdischer Sicht eine große Herausforderung für die »Altgläubigen« dar.

Oder mit Buber zu reden: Es stoßen »zwei Glaubensweisen« aufeinander: »Die jüdische Glaubenshaltung (Emuna) läßt sich etwa in dem Satz zusammenfassen: Erfüllung des göttlichen Gebots ist gültig, wenn sie nach dem vollen Vermögen der Person und in der vollen Glaubensintention geschieht ...«[81]

Der Antijudaismus setzte sich in der nachapostolischen Zeit und in der Reichskirche, d. h. nach der Gleichstellung durch Kaiser Konstantin im Toleranzedikt von 313 n. Chr., und vor allem in der staatlich bevorrechteten Kirche unvermindert fort. Die anfangs verfolgte Kirche wurde zur gnadenlos verfolgenden Kirche, wobei die Zwangsmissionierung, die gewaltsame Auslöschung des Heidentums und die Verfolgung der Juden Hand in Hand gingen. Die Abhaltung jüdischer Kultusfeiern (Gottesdienste) wurde behindert, die Bürgerrechte von Juden eingeschränkt; Synagogen wurden enteignet oder dem Erdboden gleichgemacht. Zum festen Repertoire christlicher Prediger gehörten aufwieglerische Kanzelreden wie jene »gegen die Juden«. Unter Johannes Chrysostomus, das ist: ›Goldmund‹ (354–407), dem berühmtesten Prediger der griechischen Ostkirche, erlebte die geschmacksverirrte, Ärgernis erregende antijüdische Polemik ihren Höhe- bzw. Tiefpunkt. Alle religiösen Opfer der Juden seien von Gott verworfen, wie sie selbst, weil sie das eine Opfer, das Christus gebracht hat, missachtet hätten. In der Vernichtung des Tempels zu Jerusalem durch die Römer im Jahre 70 erblickte der Prediger die göttliche Strafe für die Kreuzigung Jesu Christi. Damit war die These von den »Christus-Mördern« formuliert. Christus selbst habe daher die heilige Stadt zerstört und ihre Bewohner in alle Welt zerstreut. Damit sei auf augenscheinliche Weise der Wille Gottes als Gericht über die Juden in Erfüllung gegangen ... Mit anderen Worten: »Damit formulierte Chrysostomus erneut und unter seinen Voraussetzungen einleuchtend eine gefährliche theologische Argumentation, die jede Maßnahme gegen die Juden rechtfertigen konnte, wenn sie als menschliche Dienstleistung im Strafvollzug Gottes an den unbußfertigen Juden verstanden wurde.«[82] Die antijüdische Agitation durch namhafte Kirchenväter wie Augustinus, Kyrill von Jerusalem, Papst Gregor I. und viele andere, deren Namen sich nicht selten im katholischen Heiligenkalender wieder finden, schien dem Volk der theologisch unbedarften Gläubigen das gute Gewissen zu geben, Juden als Menschen minderen Ranges zu behandeln oder sie rücksichtslos zu verfolgen, weil sie ja ein für alle Mal von Gott verworfen seien. Wer die Annalen der »Kriminalgeschichte des Christentums«[83] aufblättert, muss sich um historische Belege für Schandtaten aller Art nicht sorgen ...

Diese Tendenz nimmt weder im Mittelalter noch in der Reformationszeit ab. Sie steigert sich vielmehr noch bis hin zu den ersten Massenmorden an Juden, als sich 1095, durch Papst Urban II. in Clermont-Ferrand zum ersten Kreuzzug aufgefordert, blindwütige Kreuzzugshorden über die Judengemeinden im Rheinland hermachten, angefangen in Speyer und Mainz[84]. Nur wer sich unter die Obhut des örtlichen Bischofs begab, überlebte.

Die ersten Ritualmordbezichtigungen kamen im 12. Jahrhundert auf. Dieselben Beschuldigungen, die die Christenheit in ihrer Anfangszeit gelegentlich anhören mussten, übertrugen sie jetzt auf die jüdische Minderheit. Juden wurden des Landes verwiesen und ins Elend gestürzt. Weitere ebenso gefährliche wie folgenreiche Vorwürfe kamen hinzu, so die der angeblichen Hostienschändung, dessen Tragweite man erst ermisst, wenn man bedenkt, welche zentrale Rolle das Altarsakrament in jenen Jahrhunderten erlangt hat. Leib und Blut Christi missbrauchen musste als ein todeswürdiges Verbrechen geahndet werden! Schon die ungeprüfte Behauptung wirkte! Die andere typische Beschuldigung lautete auf Brunnenvergiftung, und das in den Jahren, als Städte und Dörfer durch die Pest gefährdet waren! An der Stelle zahlreicher zerstörter Synagogen errichtete man Kirchen, die – um dem gestrengen Weltenrichter Christus zu entgehen – »unserer lieben Frau« gewidmet waren. Es handelte sich um die der Gottesmutter Maria geweihten »Frauenkirchen«. Städte wie Nürnberg versicherten sich im 15. Jahrhundert der Zustimmung des Kaisers Karl IV. und vernichteten das gesamte Ghetto – dessen Bewohner ermordeten sie. Ein unscheinbares Schild an der Nürnberger Frauenkirche belegt dies. Mit päpstlichen Bullen und ähnlichen kirchlichen bzw. staatlichen Verlautbarungen stellte man rechtlose Zustände her. Und weil die Juden mit Blick auf Christus »Ungläubige« seien, die sich großenteils hartnäckig jeder Zwangsmissionierung verwehren, gelte es nach einem Wort von Papst Benedikt XIII. (1415), die Hauptursache zu beseitigen: den Talmud. Dabei führte man folgende Behauptung ins Feld: »Der Talmud ist nach dem Zeugnis neubekehrter Christen von Söhnen des Teufels in der Zeit nach Christi Geburt vollendet. Damit er größere Autorität genieße, wird er für ein dem Moses schriftlich oder mündlich erteiltes Gesetz ausgegeben; in ihm sind viele Ketzereien und Irrtümer enthalten, die nicht nur dem Neuen, sondern auch dem Alten Testament widersprechen sowie den guten Sitten und dem gesunden Menschenverstande, und die durch keine Auslegung gerechtfertigt werden können, wie verschiedentlich in Anwesenheit der Juden bewiesen worden ist.«[85]

Auf der Iberischen Halbinsel, wo es im ausgehenden Mittelalter für einige Generationen zu einer kulturellen Blüte geistiger wie ökumenischer Gemeinsamkeit zwischen Juden, Christen und Muslimen gekommen war, siegten schließlich die Inquisitoren der katholischen Regentin Isabella und Ferdinand von Aragon und Kastilien. Sie hatten angeblich ermittelt, dass Juden in den Seelen der christlichen Gläubigen »den allergrößten Schaden« erzeugen. So genügte ein Federstrich der beiden »frommen« Machthaber, um das ein Jahrtausend lang geübte Bleiberecht für Juden in Spanien aufzuheben. Zwei Tage vor dem 2. August 1492, dem Tag, an dem man der Zerstörung Jerusalems gedachte, waren die Juden aus Spanien vertrieben – ein weiterer schwarzer Tag in der Geschichte der Verfolgungen war angebrochen.

Eine Schlüsselrolle in der Frage der Einstellung zu den Juden stellte zweifellos Martin Luther (1483–1546) dar.[86] Wie auch immer Luthers Antijudaismus geartet sein mag, diejenigen, die sich noch Jahrhunderte später von ihm anstecken ließen, fragten nicht, welche »religiöse« Motivation den Autor bestimmt haben mochte. Hervorstechend ist freilich, was der Wittenberger Reformator gegen Ende seines Lebens in einer Reihe von erschreckender Brutalität erfüllter antijüdischer Schriften niedergelegt hat, unter ihnen »Von den Juden und ihren Lügen«

(1542 begonnen, 1543 gedruckt). Was er dort als antijüdische Praxis empfiehlt, entspricht in vielen Punkten der bereits üblichen Verfolgungspraxis, und spätere Generationen, nicht zuletzt der Nationalsozialismus und die Akteure der »Endlösung«, sind seinem fragwürdigen Rat gefolgt. Denn Luther fordert die Zerstörung jüdischer Häuser; man solle ihre Bewohner wie Zigeuner behandeln, ihnen das oft nur halbherzig gewährte Bürgerrecht nehmen und als Vertriebenen auf der Straße jeden Geleitschutz versagen[87]: »... dass man den Juden das Geleit und Straße ganz und gar aufhebe. Denn sie haben nichts auf dem Lande zu schaffen, weil sie nicht Herrn noch Amtleute noch Händler oder desgleichen sind; sie sollen daheim bleiben.«

Ferner: »... daß man ihnen den Wucher (gemeint sind Geldgeschäfte aller Art) verbiete und nehme ihnen alle Barschaft und Kleinode an Silber und Gold, und lege es beiseit zu verwahren. Und dies ist die Ursache: Alles, was sie haben, haben sie uns gestohlen und geraubt durch ihren Wucher, weil sie sonst keine andere Nahrung haben.« Zum Thema der Versklavung von arbeitsfähigen Juden und Jüdinnen heißt es weiter:

»... dass man den jungen, starken Juden und Jüdinnen in die Hand gebe (Dresch-)Flegel, Axt, Karst[88], Spaten, Rocken, Spindel, und lasse sie ihr Brot verdienen im Schweiß der Nasen, wie Adams Kinder aufgelegt ist, Gen. 3.« Und nicht genug damit. Luthers Forderung erstreckt sich auch darauf, »daß man ihre Synagoga oder Schule mit Feuer anstecke und, was nicht verbrennen will, mit Erde überhäufe und beschütte, daß kein Mensch einen Stein oder Schlacke davon sehe ewiglich. Und solches soll man tun, unserm Herrn und der Christenheit zu Ehren, damit Gott sehe, daß wir Christen seien und solch öffentlich Lügen, Fluchen und Lästern seines Sohnes und seiner Christen wissentlich nicht geduldet noch bewilliget haben ...«

Viele der Anhänger Luthers und der reformatorisch Gesinnten folgten den lutherischen Hetzparolen. Es gab aber auch solche, die in humanistischer Gesinnung, etwa im Geiste des Erasmus von Rotterdam oder Johann Reuchlins, nicht nur das jüdisch-kabbalistische Überlieferungsgut achteten und von daher auch den Juden selbst in mitmenschlicher Weise begegneten. In Nürnberg war es der Prediger Andreas Osiander. Doch die allgemeine gesellschaftliche Atmosphäre war weithin und auf Jahrhunderte hinaus vergiftet.

ZUKUNFT TROTZ HOLOCAUST

Als die Ideologen des 19. Jahrhunderts Hitler das gedankliche Rüstzeug für den beispiellosen Holocaust bereitstellten, ergriff die Judenheit selbst die Initiative, um zu einer vor der Geschichte verantwortbaren »Lösung« ihres Überlebensproblems zu kommen. Mit dem Gruß »Nächstes Jahr in Jerusalem!« pflegte man einst das jeweils neue Jahr zu beginnen. In der Folge von Pogromen im zaristischen Russland sammelten sich dort »Zionsfreunde«, die zur »Autoemanzipation« aufriefen. Jüdische Sozialisten an der Seite von Karl Marx, Ferdinand Lassalle und Moses Hess sannen über eine völkische Wiedergeburt nach.

Doch erst der Wiener Journalist Theodor Herzl (1860–1904) gab mit seiner Schrift »Der Judenstaat« (1895) das letztlich entscheidende Signal. Der von ihm und seinen Gefolgsleuten 1897 nach Basel einberufene erste zionistische Kongress verabschiedete ein Arbeitsprogramm mit der Zielsetzung: »Der Zionismus erstrebt für das jüdische Volk die Schaffung einer öffentlich-rechtlich gesicherten Heimstätte in Palästina ... Wir wollen den Grundstein legen zu dem Haus, das dereinst die jüdische Nation beherbergen wird.« Einen wichtigen Meilenstein in dem langwierigen Prozess bildete hierzu 1917 die Zustimmung der damals maßgeblichen britischen Regierung.

Dabei zeigte sich freilich, wie wenig sich die Pioniere des Zionismus der Tatsache bewusst waren, dass Palästina nicht etwa ein menschenleeres Ödland darstellte, das lediglich auf seine hierfür ausersehenen Kolonisatoren wartete, sondern dass die ersehnte Heimat gleichzeitig die nicht minder rechtmäßige Heimat der Palästinenser ist. Zweierlei heftig umstrittene Besitzansprüche stießen und stoßen bis heute aufeinander. In Gestalt des israelisch-arabischen Konflikts werden sie erstritten! Und wie die Geschichte des neueren Judentums zeigt, gab und gibt es noch eine überaus spannungsvolle interne Gegensätzlichkeit. Sehr vereinfacht ausgedrückt: auf der einen Seite eine revisionistische bzw. religiös-nationalistisch orientierte Richtung, die zur Durchsetzung ihrer aus der hebräischen Bibel abgeleiteten Monopolansprüche gegebenenfalls vor keiner Gewalttat zurückschreckt; auf der anderen diejenige, die für ein friedliches Zusammenleben der beiden Völker in dem einen Land eintritt.

Alles in allem bewirkte der Zionismus trotz seiner divergierenden Tendenzen in bzw. zwischen den einzelnen seiner Fraktionen eine soziale Revolution, die mit Billigung der Vereinten Nationen am 15. Mai 1948 den Staat Israel überhaupt erst ermöglicht hat. Dabei konnten sich vor allem starke sozialistische Motivkräfte auswirken, die zur Bildung gemeinschaftlicher kooperativer Siedlungen (*Kibbuzim*) führten – als Zellen des Lebens und der aufbauenden Arbeit. Es ist die Hoffnung Ungezählter in beiden Völkern – allen fundamentalistischen Fanatikern zum Trotz –, dass zwischen Juden und Arabern, zwischen Israelis und Palästinensern endlich ein Leben in wechselseitiger Toleranz und praktizierter Humanität möglich werde.

ANMERKUNGEN

1 Martin Buber: »Der Anfang der nationalen Idee«. In: Ders.: *Israel und Palästina. Zur Geschichte einer Idee.* (Zürich 1950) München 1968, S. 95.

2 Emmanuel Lévinas, zit. in Bernhard G.F. Taureck: *Emmanuel Lévinas – zur Einführung.* Hamburg 1997, S.16 f.

3 Gershom Scholem: »Das Ringen zwischen dem biblischen Gott und dem Gott Plotins in der alten Kabbala«. In: Ders: *Über einige Grundbegriffe des Judentums.* Frankfurt 1970, S. 9 ff.

4 Friedrich Nietzsche: »Jenseits von Gut und Böse« 52. In: Ders. *Werke in drei Bänden*, hrsg. von Karl Schlechta. München 1966, Band II, S. 614 f.

5 Michael Wise u.a.: *Die Schriftrollen vom Qumran.* Übersetzung und Kommentar. Hrsg. von Alfred Läpple. Augsburg 1997. – Hartmut Stegemann: *Die Essener, Qumran, Johannes der Täufer und Jesus.* Freiburg 1993.

6 Die masoretische Bibel verweist auf die Masora (Überlieferung), d.h. auf die traditionelle Gestalt des Bibeltextes. Dieser wurde von jüdischen Gelehrten, den Masoreten, im 7. bis 10. Jahrhundert teils in Palästina, teils in Babylonien hergestellt, mit den heute üblichen Vokalzeichen sowie mit Abschnitteinteilungen versehen.

7 Günter Sternberger: *Geschichte der jüdischen Literatur.* Eine Einführung. München 1977, S. 43 f.

8 Johann Maier: »Judentum und Christentum in jüdischer Sicht«. In: *Christlicher Glaube in moderner Gesellschaft*, Teilband 26. Freiburg 1980, S. 136 f.

9 Martin Buber: »Die Schrift und ihre Verdeutschung«. In: *Werke, 2. Band. Schriften zur Bibel.* Heidelberg-München 1964, S. 1185 f.

10 Berühmt geworden ist die Geniza von Fostat (Kairo), in der u.a. 100 000 Fragmente der hebräischen Bibel »bestattet« worden sind. Da sich naturgemäß Teile von alten und ältesten Bibelhandschriften darunter befanden, wurde dieser Aufbewahrungsort für die moderne Bibelforschung wichtig.

11 Leo Hirsch: *Jüdische Glaubenswelt.* Gütersloh 1962, S. 24.

12 Diese Verdeutschung Bubers in Psalm 1 erinnert an den vernehmbaren, also laut sprechenden bzw. murmelnden Umgang mit dem »Gesetz«, während Luthers Übersetzung (»er redet von seinem Gesetz Tag und Nacht«) unzutreffende Assoziationen von einem bloßen »Darüber-reden« weckt.

[13] Hans Joachim Schoeps (Hrsg.): *Jüdische Geisteswelt.* Darmstadt 1953, S. 35.

[14] Günter Sternberger: *Der Talmud.* Einführung, Texte, Erläuterungen. München 1982, S. 30 ff.

[15] Emanuel bin Gorion. In: *Geschichten aus dem Talmud.* Frankfurt 1966, S. 15.

[16] »Sprüche der Väter«. In: Paul Riessler: *Altjüdisches Schrifttum.* Augsburg 1928, S. 1058 ff. Vgl. *Jüdischer Glaube*, hrsg. von Kurt Wilhelm, S. 17 ff.

[17] Hillel (30 v. Chr. – 10 n.Chr.) gilt als einer der angesehensten Gesetzeslehrer.

[18] Gershom Scholem: *Die jüdische Mystik in ihren Hauptströmungen.* Frankfurt 1957, S. 6.

[19] Gerhard Wehr: *Martin Buber. Leben, Werk, Wirkung.* Zürich 1991, S. 145 ff.

[20] Diese Gedanken hat Albert H. Friedlander, Oberrabbiner und Leiter des Leo-Baeck-Instituts in London, in: *Evangelische Kommentare*, Stuttgart, Nr. 2/2000, S. 23 ff., unter Berufung auf Martin Buber und Leo Baeck dargelegt.

[21] Gerhard Wehr: *Esoterisches Christentum. Von der Antike zur Gegenwart.* 2. erweiterte Auflage, Stuttgart 1995.

[22] Gershom Scholem: *Die Geheimnisse der Schöpfung. Ein Kapitel aus dem Sohar.* Berlin 1935, S. 6. – Ders.: *Die jüdische Mystik in ihren Hauptströmungen.* Frankfurt 1957.

[23] Gershom Scholem: *Ursprung und Anfänge der Kabbala.* Berlin 1962, S. 15.

[24] Zit. bei Gershom Scholem, S. 234.

[25] Gershom Scholem: *Die jüdische Mystik* (wie Anmerkung 22), S. 232 f. – Johann Maier: *Die Kabbalah. Einführung*, in: *Klassische Texte, Erläuterungen.* München 1995, S. 48–224.

[26] G. Scholem: *Die Geheimnisse der Schöpfung.* Ein Kapitel aus dem Sohar. Berlin 1935, S. 45.

[27] Jakob Böhme: *Von der Menschwerdung Jesu Christi* I, 4, 10. Frankfurt 1995 (Insel Taschenbuch it 1737). – Ders.: *Im Zeichen der Lilie*, hrsg. von Gerhard Wehr. München 1998 (Diederichs Gelbe Reihe 144).

[28] Gershom Scholem: »Alchemie und Kabbala«. In: Ders.: *Judaica* 4. Frankfurt 1984, S. 26 f.

[29] Gershom Scholem: »Die jüdische Mystik ...«, S. 277.

[30] Ders., S. 278.

[31] Zit. ebd.

[32] Friedrich Weinreb: *Die Symbolik der Bibelsprache. Einführung in die Struktur des Hebräischen.* Zürich 1969. – Ders.: *Der göttliche Bauplan der Welt. Der Sinn der Bibel nach der ältesten jüdischen Überlieferung.* Zürich 1966.

33 Maimonides, zit. in: Hans Joachim Schoeps: *Jüdische Geisteswelt*, S. 127.

34 Gershom Scholem: *Die jüdische Mystik*, S. 303.

35 Ernst Benz: *Die christliche Kabbala. Ein Stiefkind der Theologie.* Zürich 1958. – Gerhard Wehr: *Esoterisches Christentum.* Stuttgart 1995, S. 219 ff.; 263 ff.

36 Leopold Ziegler: *Das Lehrgespräch vom Allgemeinen Menschen.* Hamburg 1956, S. 186, zit. bei E. Benz, S. 56.

37 Hierzu Gershom Scholem: *Die jüdische Mystik*, S. 87–127; Johann Maier: *Geschichte der jüdischen Religion.* Freiburg 1992, S. 595 ff.

38 Heiko Haumann: *Geschichte der Ostjuden.* München 1990.

39 Simon Dubnow: *Geschichte des Chassidismus*, Bd. I/II (1931). Jerusalem 1969, S. 67.

40 Gershom Scholem: *Sabbatai Zwi. Der mystische Messias.* Frankfurt 1992.

41 Baal-Schem, Meister des Namens, wurde als Bezeichnung für einen Menschen gebraucht, der das Geheimnis der Dinge kennt und diese in seinem ganzen Tun und Lassen in die Nähe Gottes bringt.

42 Chajim Bloch: *Die Gemeinde der Chassidim.* Berlin-Wien 1920, S. 22 f. Von Chajim Bloch stammt auch die Sammlung: *Aus Mirjams Brunnen. Chassidische Erzählungen und Legenden.* Wien 1929. Eingeleitet und durchgesehen von Salcia Landmann. Darmstadt o.J., 1966.

43 Elie Wiesel: *Chassidische Feier.* Wien 1974.

44 Gershom Scholem: »Martin Bubers Deutung des Chassidismus«. In: Ders.: *Judaica I*, Frankfurt 1963, 165. – Gerhard Wehr: »Der Chassidismus im Leben und Werk Martin Bubers«. In: *Der Chassidismus. Leben zwischen Hoffnung und Verzweiflung*, hrsg. von Klaus Nagorni. Karlsruhe 1996, S. 70–88 (Herrenalber Forum 15).

45 Karl Erich Grözinger: »Chassidismus und Philosophie. Ihre Wechselwirkung im Denken Martin Bubers«. Arnoldshainer Texte Bd. 57, W. Licharz u.a. (Hrsg.). Frankfurt 1989, I, S. 281–294.

46 Gershom Scholem (wie Anmerkung 41), S. 168.

47 Martin Buber: *Werke. Dritter Band, Schriften zum Chassidismus.* München-Heidelberg 1963.

48 Martin Buber: »Die jüdische Mystik« (1906). In: *Werke. Dritter Band*, S. 15.

49 Gershom Scholem: *Die jüdische Mystik*, S. 384.

50 Shmarya Levin: *Kindheit im Exil.* Berlin 1935, S. 87, zit. bei Leo Prijs: *Begegnung mit dem Judentum.* Freiburg 1985, S. 13 f.

51 Leo Prijs, ebenda, S. 15 f.

52 Pinchas Lapide: *Er wandelte nicht auf dem Meer. Ein jüdischer Theologe liest die Evangelien.* Gütersloh 1984, S. 51–86.

[53] Ebenda, S. 60 f.

[54] Leo Hirsch: *Jüdische Glaubenswelt*, S. 49.

[55] Ebenda, S. 52 ff.

[56] Leo Trepp: *Die Juden. Volk, Geschichte, Religion.* Reinbek bei Hamburg 1987, S. 229.

[57] Stichwort: »Kalender«. In: *Neues Jüdisches Lexikon*, S. 443 ff.

[58] Leo Trepp: *Die Juden*, S. 190.

[59] Isaak Lurja, zit. bei Hans Joachim Schoeps: *Jüdische Geisteswelt.* Darmstadt 1953, S. 125 f.

[60] Maimonides: Teschubah 3,4, zit. bei Leo Trepp: *Die Juden*, S. 105.

[61] Leo Trepp: *Die Juden*, S. 204 f.

[62] David Flusser: *Jesus* (1968). Reinbek bei Hamburg 1999, S. 106–122.

[63] Gershom Scholem: *Sabbatai Zwi. Der mystische Messias.* Frankfurt 1992.

[64] Salcia Landmann: »Jüdischer Sexualmessianismus von Sabbatai Zwi bis Herbert Marcuse«. In: Dies.: *Der ewige Jude.* München 1974, S. 144 ff.

[65] Gershom Scholem: »Zum Verständnis der messianischen Idee im Judentum«. In: Ders.: *Judaica I.* Frankfurt 1963, S. 73.

[66] Eduard Schweizer: »Jesus Christus«. In: *Theologische Realenzyklopädie* (TRE), Berlin 1988. Bd. 16, S. 722.

[67] Ernst Ludwig Ehrlich: »Jesus Christus«. In: *Theologische Realenzyklopädie.* Bd. 17, S. 69

[68] Josef Klausner: *Jesus von Nazareth.* Jerusalem 1952.

[69] Josef Klausner, zit. bei Gerhard Jasper: *Stimmen aus dem neureligiösen Judentum in seiner Stellung zum Christentum und zu Jesus.* Hamburg-Bergstedt 1958, S. 78.

[70] Gerhard Jasper, S. 70.

[71] Leo Trepp: *Die Juden*, S. 161 f.

[72] Hermann Cohen, S. 162.

[73] Schalom ben Chorin: *Bruder Jesus. Der Nazarener in jüdischer Sicht.* München 1967.

[74] Martin Buber: »Zwei Glaubensweisen« (1950). In: *Werke I. Schriften zur Philosophie.* München-Heidelberg 1962, S. 657.

[75] Schalom Ben Chorin: *Zwiesprache mit Martin Buber. Ein Erinnerungsbuch.* München 1966.

[76] Schalom Ben Chorin: *Bruder Jesus*, S. 12 f.

[77] Zur Exegese vgl. Rudolf Bultmann: *Das Evangelium des Johannes.* Göttingen 1941. – Rudolf Schnackenburg: *Das Johannesevangelium*, Teil II. Freiburg-Basel 1971.

[78] Ein Musterbeispiel stellt jene Übersetzung dar, die bis in die Abendmahlsliturgie hinein seit Jahrhunderten verwendet wird, wo es heißt: »In der Nacht, in der er (Jesus) *verraten* wurde ...«

Die im griechischen Urtext mehrfach verwendete Vokabel »paradidónai« bzw. »paradídomi« (ich gebe dahin, ich liefere aus) steht in einem Kontext, der gerade nicht den »Verrat« des Judas als das ausschließliche Handeln des Menschen zum Inhalt hat, sondern des Willens Gottes (Mark. 9, 31): »Der Menschensohn wird überliefert in Menschenhände ... Überliefert aber in ihre Hände wird er durch Gott, der ihn preisgibt« (Walter Grundmann: *Das Evangelium nach Markus. Theologischer Handkommentar zum Neuen Testament.* Berlin 1968, S. 193). Es müsste anstelle des Judas-Verrats eine Übersetzung gewählt werden, die deutlich macht, dass die menschliche Untat letztlich in der Absicht und im Willen Gottes lag.

79 Kurt Dietrich Schmidt: *Grundriß der Kirchengeschichte.* Göttingen 1967, S. 41.

80 Leonhard Goppelt: *Die apostolische und nachapostolische Zeit* (Handbuch *Die Kirche in ihrer Geschichte*, Bd. I, Lieferung A. Göttingen 1962, S. 81).

81 Martin Buber: »Zwei Glaubensweisen«. In: *Werke I, Schriften zur Philosophie*, S. 690.

82 Bernhard Kötting, in: *Kirche und Synagoge.* Hrsg. von K.H. Rengstorf und Siegfried von Kortzfleisch. Bd. I. Stuttgart 1968, S. 162.

83 Karlheinz Deschner: *Kriminalgeschichte des Christentums.* 1986 ff. (mehrere Bände).

84 Bernhard Blumenkranz, in: *Kirche und Synagoge*, Bd. I, S. 115 ff.

85 Zit. nach: *Kirche und Synagoge*, Bd. I, S. 245.

86 Wilhelm Maurer: »Die Zeit der Reformation«. In: *Kirche und Synagoge*, Bd. I. S. 363–452. – Gerhard Müller: »Antisemitismus« VII. In: *Theologische Realenzyklopädie.* Berlin 1958, Bd. 3, S. 145 ff.

87 Die Zitate erfolgen nach W. Maurer, S. 419 ff.

88 Gemeint ist eine zweizinkige Hacke.

ZEITTAFEL

1800–1500 v. Chr.	Zeit der Patriarchen (Abraham, Isaak, Jakob/Israel); vorisraelische Gruppen (Sippen) tauchen in Palästina (Kanaan) und Ägypten auf. Im 14. Jh. v. Chr. werden »Habiru«, die möglicherweise als »Hebräer« zu identifizieren sind, in ägyptischen Inschriften erwähnt.
Um 1200 v. Chr.	Der Auszug unter Moses, die Einwanderung unter Josua und die kriegerische Besitznahme Palästinas durch israelitische Stämme setzen in der so genannten Richterzeit ein.
11. Jh. v. Chr.	Der erste israelische Staat, bestehend aus den zwölf Stämmen Israels, den Nachkommen Jakobs, beginnt sich zu formieren; um 1200 mit König Saul; um 1000 mit König David, der Jerusalem erobert und zur Hauptstadt erhebt; größte Entfaltung und erster Tempelbau unter Davids Sohn Salomo (970 – 932).
932 v. Chr.	Unter Salomos Nachfolgern Rehabeam und Jerobeam wird das Reich in einen südlichen Teil mit Juda und einen nördlichen als das Reich der zehn Stämme Israels geteilt.
8. und 7. Jh. v. Chr.	Die großen Propheten Jesaja und Jeremia künden von der herannahenden äußeren Bedrohung als Strafgericht Gottes und rufen zur inneren Umkehr auf, verbunden mit messianischen Weissagungen.
722 v. Chr.	Das Nordreich Israel wird durch die Assyrer zerstört. Es folgen 597 die ersten Wegführungen von Juden nach Babylon, wo das neubabylonische Reich entstanden ist.
586 v. Chr.	Jerusalem wird durch den Babylonier Nebukadnezar (Nabu-kudurri-usur II.) erobert; die »Babylonische Gefangenschaft«, die bis 538 andauert, beginnt. Wichtig wird nach der Zerstörung des salomonischen Tempels für das Judentum die Vertiefung in die schriftliche Überlieferung. An die Stelle der Tempelfrömmigkeit mit der kultischen Gottesverehrung tritt das Schriftgelehrtentum.
515 v. Chr.	Nachdem der Perser Kores (Kyros II.) Babylonien annektiert und den Juden die Rückkehr nach Palästina erlaubt hat, kann in Jerusalem der zweite Tempel errichtet und 515 eingeweiht werden.

332 v. Chr.	Alexander der Große (gest. 323 in Babylon) und dessen Nachfolger sorgen für eine kulturelle Durchdringung des Vorderen Orients u.a. durch Ausbreitung des Griechischen (*Koiné*) als allgemeine Sprache und bemächtigen sich Palästinas. Um den über Palästina hinaus verbreiteten Israeliten bzw. Juden mit der religiösen Überlieferung in Verbindung zu halten, entsteht die Übersetzung des Alten Testaments ins Griechische, die »Septuaginta«.
168 v. Chr.	Der Seleukide Antiochus IV., genannt »Epiphanes«, entheiligt und plündert den zweiten Tempel und errichtet einen hellenistischen Kultus. Darauf antwortet Judas Makkabäus mit einem Aufstand. Es kommt zur Errichtung eines jüdischen Staates, im Jahr 165 zur Neueinweihung des Tempels. Das religiöse Leben blüht von neuem auf.
63 v. Chr.	Der römische Feldherr Pompeius nimmt Palästina ein und verwandelt das Land in eine römische Provinz.
37–4 v. Chr.	Vom jeweiligen römischen Stammhalter (u.a. Pontius Pilatus) abhängig, amtiert Herodes der Große, der den Jerusalemer Tempel erneuert. Am Ende von Herodes' Regierung wird Jesus von Nazareth geboren.
66–73 n. Chr.	Jüdischer Krieg gegen die Römer, die Jerusalem erobern, den Tempel zerstören und das Judentum dezimieren.
132–135	Aufstand des »Sternensohns« Bar Kochba und 2. jüdisch-römischer Krieg.
4.–6. Jh.	Abschluss des Palästinensischen und Babylonischen Talmud.
18. Jh.	Nach Abklingen der von dem Pseudo-Messias Sabbatai Zwi (1626 – 1776) entfachten Unruhe entsteht der Chassidismus in Osteuropa.
ab 1880	Wiederholte Pogrome in Osteuropa, als deren Folge die Zionssehnsucht verstärkt wird.
1896	Theodor Herzl veröffentlicht die Schrift »Der Judenstaat« und lädt 1987 zum ersten zionistischen Kongress nach Basel ein.
1917	Die britische Regierung befürwortet in der Balfour-Deklaration die Begründung einer nationalen Heimstatt für Juden.
1941–1945	Systematische Vernichtung mehrerer Millionen europäischer Juden.
1948	Begründung des Staates Israel bei gleichzeitigem Ausbruch des Unabhängigkeitskrieges mit den Arabern.

BEGRIFFSGLOSSAR

Bar Mizwa »Sohn der Pflicht«, 13-jährige Knaben erhalten die religiöse Mündigkeit.

Bat Mizwa »Tochter der Pflicht«, analog dazu für Mädchen (im Reformjudentum).

Bereschit »Am Anfang«, 1. Buch Mosis.

Berit Mila Beschneidung von Knaben acht Tage nach der Geburt.

Chanukka Lichterfest, am 25. Koslev (November/Dezember) in Erinnerung an die Tempelweihe.

Deuteronomium lat., Wiederholung des Gesetzes im 5. Buch Mosis.

Exodus lat., »Auszug«, 2. Buch Mosis.

Haskala Aufklärung im Judentum des 18. Jahrhunderts.

JomhaAzmaut israelischer Unabhängigkeitstag am 5. Iyyar (April/Mai).

Jom ha Schoah Tag des Holocaust, der am 27. Nisan (März/April) begangen wird.

Jom Kippur großer Versöhnungstag am 10. Tischri (September/Oktober).

Kabbala »Überlieferung«; jüdische Mystik.

Kaddisch »heilig«; Gebetshymnus; wird insbesondere von Trauernden gesprochen.

Kol Nidre »alle Versprechen«; so beginnt das Gebet am Abend des Versöhnungstages.

Koscher »tauglich«, »passend«; Inbegriff dessen, was für die rechte Weise des Essens und auch anderer Handlungen maßgebend ist.

Leviticus lat., 3. Buch Mosis.

Maschiach »der Gesalbte«, griech. *Christos;* ursprünglich dem König, Priester und Prophetenvorbehalten, dann auf den kommenden Erlöser Israels bezogen.

Massorah »Überlieferung«; Bezeichnung für die sprachliche Überlieferung der hebräischen Bibel, betreut durch die jüdischen Gelehrten in Babylonien und Palästina zwischen dem 7. und 10. Jahrhundert.

Menora der zum Tempelkultus gehörige siebenarmige Leuchter, zugleich Symbol jüdischer Frömmigkeit.

Midrasch »suchen«, »forschen«; Bezeichnung für die jüdische Auslegung der Bibel.

Minjan die für die ordnungsgemäße Abhaltung eines Gottesdienstes erforderliche Zahl von Menschen männlichen Geschlechts, d.h. von Menschen, die als *Bar Mizwa* gelten.
Mischnah »Wiederholung«; die mündlich tradierte Fassung der göttlichen Weisung zwecks Vervollständigung der schriftlichen Überlieferung in der *Thora*.
Mizwa »Gebot« (Mehrzahl: Mizwot); Ausdruck für die Gesamtheit der Ge- und Verbote.
Numeri lat., 4. Buch Mosis.
Pentateuch griech., fünf Bücher Mosis.
Pessach (Passah) »vorübergehen«, »verschonen«; das Fest, das an den Auszug der Kinder Israels aus Ägypten erinnert, bei dem die Erstgeburt der Ägypter getötet, die der Israeliten verschont wurde.
Pogrom russ., »Verwüstung«; gewaltsame Ausschreitung gegen Juden.
Purim Freudenfest in Erinnerung an die Errettung der Juden zur Zeit des Perserkönigs Xerxes und dessen Günstlings Haman.
Rabbi »mein Herr«; jüdischer Religions- und Rechtsgelehrter.
Rosch Chodesch erster Tag eines Monats.
Rosch ha Schanah jüdisches Neujahrsfest am 1. Tischri (September/Oktober).
Sabbat siebter Tag der Woche als Tag der Ruhe und des Gebets.
Schavuot Wochenfest am 6./7. Sivan (Mai/Juni), ein Fest des Erntedanks.
Schofar ein als Blasinstrument benütztes Widderhorn, das am Neujahrsfest geblasen wird.
Seder »Ordnung«; die Weise, in der das Pessahmahl daheim zu feiern ist.
Sukkot Laubhüttenfest am 15. / 16. Tischri (September/Oktober).
Synagoge jüdisches Gotteshaus.
Talmud »lernen«, »lehren«; rabbinische Auslegung und Diskussion des Gesetzes.
Tefillin Gebetsriemen.
Tenach (Tanach) Abkürzung für die fünf Bücher Mosis (*Pentateuch*).
Teschuwa die zur Erlangung der Vergebung erforderliche Umkehr.
Tischri Herbstmonat, in dem wichtige religiöse Feste liegen.
Thora »Lehre«; die durch Moses vermittelte Offenbarung am Berg Sinai.
Zion in der Regel der Tempelberg von Jerusalem, zugleich Inbegriff für Jerusalem und das gesamte Land.
Zionismus die insbesondere durch Theodor Herzl ins Leben gerufene, politische und kulturerneuernde Impulse tragende Bewegung.

LITERATUR

GRUNDLEGENDE TEXTE

An erster Stelle ist die hebräische Bibel zu nennen, deren Urtext in Gestalt der Biblia Hebraica vorliegt. Auf ihrer Basis sind zahlreiche Übersetzungen erfolgt, z. B. die seit 1534 erstmals veröffentlichte, aus Altem und Neuem Testament bestehende Luther-Bibel. Sie wurde unter Wahrung ihres Grundbestandes immer wieder aktualisiert bzw. einer partiellen Korrektur unterzogen. Bis heute sind weitere Verdeutschungen (Vollbibeln) erarbeitet worden. Darunter befindet sich die im Auftrag der Bischöfe Deutschlands, Österreichs und der Schweiz geschaffene so genannte Einheitsbibel, die auch von der Deutschen Bibelgesellschaft verbreitet wird.

Der Babylonische Talmud. Ausgewählt, übersetzt und erklärt von Reinhold Mayer. München 1963.

Der Talmud. Einführung, Texte, Erläuterungen von Günter Sternberger. München 1982.

Geschichten aus dem Talmud. Hrsg. von Emanuel bin Gorion. Frankfurt 1966.

Weisheit des Talmud. Hrsg. von Alfons Rosenberg. München 1954.

Der Sohar. Das heilige Buch der Kabbala. Nach dem Urtext herausgegeben von Ernst Müller. Wien 1932.

Ders. in Auswahl. Düsseldorf-Köln 1982, 9. Aufl. München 2001.

The Zohar, Vol. I–V, Translated by Harry Sperling and Maurice Simon. London–Jerusalem–New York 1934 ff.

SEKUNDÄRLITERATUR

Ariel, David S.: *Die Mystik des Judentums. Eine Einführung.* München 1993.

Baeck, Leo: *Das Evangelium als Urkunde der jüdischen Glaubensgeschichte.* Berlin 1938.

Baeck, Leo: *Das Wesen des Judentums.* Köln 1960.

Battenberg, Friedrich: *Das europäische Zeitalter der Juden I/II.* Darmstadt 1990.

Ben-Sasson, Haim Hillel: *Geschichte des jüdischen Volkes I–III.* München 1978.

Buber, Martin: *Der Jude und sein Judentum.* Gesammelte Aufsätze und Reden. Mit einer Einleitung von Robert Weltsch. Köln 1963.

Flusser, David: *Jesus in Selbstzeugnissen und Bilddokumenten*. Reinbek bei Hamburg 1968.
Flusser, David: *Jesus*. Reinbek bei Hamburg 1999.
Fohrer, Georg: *Glaube und Leben im Judentum*. Heidelberg 1979.
Gerhardt, Ulrich: *Jüdisches Leben im jüdischen Ritual*. Heidelberg 1980.
Hirsch, Leo: *Jüdische Glaubenswelt*. Gütersloh 1966.
Janowski, Bernd/Köckert, Matthias (Hrsg.): *Religionsgeschichte Israels*. Gütersloh 2000.
Jüdische Geisteswelt. Zeugnisse aus zwei Jahrtausenden. Hrsg. von H.J. Schoeps. Darmstadt 1953.
Jüdischer Glaube. Eine Auswahl aus zwei Jahrtausenden. Hrsg. von Kurt Wilhelm. Bremen 1961.
Kirche und Synagoge I/II. Hrsg. von K.H. Rengstorff und S. von Kortzfleisch. Stuttgart 1968 f.
Landmann, Salcia: *Wer sind die Juden? Geschichte und Anthropologie eines Volkes*. München 1973.
Landmann, Salcia: *Der ewige Jude*. München 1974.
Lapide, Pinchas: *Er predigte in ihren Synagogen. Jüdische Evangelienauslegung*. Gütersloh 1980.
Maier, Johann: *Das Judentum. Von der biblischen Zeit bis zur Moderne*. München 1973 (mit ausführlicher Bibliographie).
Maier, Johann: *Geschichte der jüdischen Religion*. Berlin 1972; Freiburg 1992.
Philo-Lexikon. Handbuch des jüdischen Wissens. (1936). Frankfurt 1992.
Prijs, Leo: *Begegnung mit dem Judentum. Eine Einführung in seine Religion*. Freiburg 1985.
Rengstorf, Karl Heinrich/von Kortzfleisch, Siegfried (Hrsg.): *Kirche und Synagoge. Handbuch zur Geschichte von Christen und Juden*. Darstellung und Quellen, Bd. I/II. Stuttgart 1968 f.
Rosenzweig: *Der Stern der Erlösung* (1921). Mit einer Einführung von Reinhold Mayer und einer Gedenkrede von Gershom Scholem. Frankfurt 1988.
Schoeps, Julius H. (Hrsg.): *Neues Lexikon des Judentums*. Gütersloh 2000.
Scholem, Gershom: *Die jüdische Mystik in ihren Hauptströmungen*. Frankfurt 1957.
Scholem, Gershom: *Judaica I–VI*. Frankfurt 1963 ff.
Scholem, Gershom: *Über einige Grundbegriffe des Judentums*. Frankfurt 1970.
Sternberger, Günter: *Geschichte der jüdischen Literatur. Eine Einführung*. München 1977.
Wehr, Gerhard: *Martin Buber in Selbstzeugnissen und Bilddokumenten*. Reinbek bei Hamburg 1968; 13. Aufl. 1998.
Wehr, Gerhard: *Martin Buber. Leben, Werk, Wirkung*. Zürich 1991.

ZUM AUTOR

Gerhard Wehr, geboren 1931 in Schweinfurt/Main, ist Verfasser zahlreicher Studien zur Religions- und Geistesgeschichte, zur Analytischen Psychologie und Anthroposophie. Er ist Autor international verbreiteter Biografien über Martin Buber, C.G. Jung, Rudolf Steiner, Jean Gebser, Graf Dürckheim, Meister Eckhart, Giordano Bruno u. a. Er lebt als freier Schriftsteller in Schwarzenbruck bei Nürnberg.

Bei Diederichs hat er Schriften über Jakob Böhme (DG 144), Meister Eckhart (DG 153), die Grundtexte der Rosenkreuzer (DG 53) sowie ein Buch über die »Spirituellen Meister des Westens« (DG 116) veröffentlicht. In Vorbereitung ist das von ihm verfasste Grundlagenwerk »Die sieben Weltreligionen«, das im Jahr 2002 erscheinen wird.